Andrea Reidt

Glücksorte auf Korsika

Fahr hin & werd glücklich

Dieses

Glücksbuch

ist für

Liebe Glücksuchende,

die Griechen nannten sie *Kallisté,* die Schönste, daraus wurde *Île de Beauté*, Insel der Schönheit. Korsika, viertgrößte Mittelmeerinsel mit rund 3500 Sonnenstunden jährlich, stellt mit ihrer extrem vielseitigen Landschaft einen optimalen Kompromiss für gegensätzliche Ferienwünsche dar – Bergtouren, Badeurlaub, Städtereise oder Abenteuertrip, alles ist möglich! Das „Gebirge im Meer“ verfügt über mehr als hundert Gipfel in Lagen höher als 2000 Meter, über den anspruchsvollsten Fernwanderweg Europas, über ein Wanderparadies in Kastanien- und Schwarzkiefer-Wäldern sowie felsigem Gelände inmitten weiter Flächen duftender Macchia. Eine 1000 Kilometer lange Küste verspricht Wassersport vom Feinsten, paradiesische Strände, traumhafte Buchten. Die Hälfte der Inselfläche steht als *Parc naturel régional* unter besonderem Schutz. Hunderte von Menhiren hinterließen eindrucksvolle Spuren prähistorischen Lebens. Und was hat Korsika nicht alles an architektonischen Schätzen zu bieten: Festungen, Brücken, Wachtürme, Zitadellen, romanische und barocke Kirchen aus pisanischen und genuesischen Zeiten. Denkmäler und Museen erinnern an den großen korsischen Sohn Napoléon Bonaparte und seine illustre Familie. Begleiten Sie mich zu den Glücksorten Korsikas! Bon voyage,

Ihre Andrea Reidt

Da das Korsische im mündlichen und schriftlichen Inselalltag eine ebenso bedeutende Rolle wie das Französische als Sprache der Verständigung und Information spielt, verwendet der Text dieses Buches beide Versionen gemischt.

GLÜCK

Deine Glücksorte ...

... noch mehr Glück für dich

Im prallen Leben

1 Am Alten Hafen von Bastia

Zwischen zwei Leuchttürmen von bescheidener Größe hindurch, der eine grün behelmt an der Spitze der Genuesischen Mole, der andere gegenüber mit roter Spitze, gleiten kontinuierlich Segler, Yachten und Fischerboote in den Vecchio Porto di Bastia und rangieren dort in für den Beobachterblick chaotischer Enge Bordwand an Bordwand. Die gewaltigen Kästen der Linien Corsica Ferries, Corsica Linea, Moby Lines und La Méridionale, welche ohne Unterlass Menschen und Autos von Marseille, Toulon, Nizza, Genua, Livorno, Savona, Portoferraio und Piombino hin- und hertransportieren, legen etwas weiter nördlich in der für diesen Zweck neu geschaffenen breiten Hafenbucht an. Auf einer Länge von 822 Metern unterquert seit 1979 ein Straßentunnel das Hafenbecken und befreit die Zone glücklicherweise damit zum Teil von Staus und Abgasen.

TIPP

Im Sommer finden freitags in der Église Saint-Jean-Baptiste Konzerte mit polyphonen Gesängen statt.

Stundenlang könnte man von den Kais des offenen Hafenrunds oder von den vorgelagerten Molen aus die Wende- und Einparkmanöver der Boote beobachten. Der Vieux Port als Vorposten des Terra-Vecchia-Viertels bildet mit seinen fünf- bis sechsstöckigen, teils arg in die Jahre gekommenen, teils schön sanierten Häusern mit bunten Läden und trocknender Wäsche vor den Fenstern zusammen mit dem Gebirgsmassiv der Serra di Pignu einen illustren Hintergrund. Das herrlich pralle Leben in dieser Gegend von Bastia erlebt man nur dicht dran, etwa von einer der Caféterrassen aus, die sich zu Füßen der Kirchenfront Saint-Jean-Baptiste zusammendrängen. Die beiden Türme der 1666 errichteten größten Kirche der Insel, die über ein barockes Interieur und ein großes Deckenfresko der Taufe Christi verfügt, dominieren die Nordbebauung des Alten Hafens. Es mutet skurril an, dass sich vor das Portal des Gotteshauses drei Häuser in die Sichtachse schmuggelten, sodass die Kirche alles andere als freisteht. Ihr Langhaus schiebt sich vom Hafen aus unsichtbar an den Rand der Place du Marché, weshalb die diversen Prozessionen dort starten.

● Vieux Port de Bastia, Quai 1er Bataillon de Choc, 20200 Bastia
● ÖPNV: Bus 3, Haltestelle Marina

RESTAURANT CAFE
BISTROT GLACIER
LE JEAN BART

Historische Leuchtfeuer

2 Die Genuesertürme als Wächter der Insel

Bei einer Fahrt über die Insel tauchen neben den Küstenstraßen und oft in Strandnähe die markanten *tours génoises* auf, Spuren der 500-jährigen genuesischen Präsenz, wertvolle Denkmäler und fotogenes Erbe. Die Wachtürme aus dem 16. und 17. Jahrhundert sollten die Bevölkerung frühzeitig vor Piraten und Militärschiffen warnen, damit sich die Menschen in die Berge zurückziehen konnten. Bis 1530 standen die ersten 28 Türme, allein zehn auf dem besonders exponierten Cap Corse, das insgesamt 30 Türme erhielt, ein Viertel der Gesamtzahl. Die meisten Türme sind rund, 12 bis 17 Meter hoch bei einem Durchmesser von 8 bis 10 Metern und waren mit zwei bis sechs Wächtern bemannt. Zwischen den Türmen verständigte und warnte man sich mit Leuchtfeuern. Einige Türme sind eckig, wie etwa in Ota, Giraglia, Nonza (Foto) und Lumio, ansonsten gleicht sich die Bauweise auf vier Etagen, die mit Falltüren und Leitern verbunden waren. Im von außen nicht zugänglichen Erdgeschoss wurden Lebensmittel, Wasserreserven und Waffen gelagert. Den Eingang im ersten Stock erreichte man über eine abnehmbare Treppe und gelangte in den Aufenthaltssaal der *torregiani*. Auf der nächsten Etage befand sich der eigentliche Wachraum mit Gucklöchern und Schießscharten und ganz oben eine Dachterrasse mit Brüstung. Von den 85 Türmen, die zu Beginn des 18. Jahrhunderts gezählt wurden, stehen heute immerhin noch 67. Abgesehen von den städtischen Türmen bei Zitadellen begegnet man auch außerhalb gut erhaltenen Türmen – zum Beispiel in Carghjese, Olmeta di Capocorso, Ota, Santa Maria di Lota, Brandu, Ruglianu, Ferringule, Ugliastru, Cagnanu, Fautea. Oberhalb des Sandstrandes Plage de la Calanca auf der Nordseite der Bucht von Propriano steht ein vorzüglich erhaltenes Exemplar auf einem Privatgrundstück. Sehenswert sind auch die Tour de l'Osse auf der Ostseite von Cap Corse kurz vor Porticciolo und der Albo-Turm beim schwarzen Strand Albo auf der Westseite.

TIPP

Zwei Strandbars mit Musik am Lido-Strand bei Propriano: Le Corsaire und L'Oasis (abends).

● Tour de Nonza, 20217 Nonza, Tour de la Calanca, 20113 Olmeto, Tour de l'Osse, 20228 Cagnano

Leben am Abgrund

3 Bonifacio in grandioser Lage

Wie sich die alte pisanisch-genuesische Stadt Bonifacio hoch oben auf ein weißes Kalkplateau direkt hinter der Abbruchkante klammert, das ist abenteuerlich und schwindelerregend zugleich! Bonifacio ist anders als die anderen Orte der *Île de Beauté*, mehr als einfach nur sehenswert, sondern magisch, eigenwillig, spröde, unglaublich in jeder Hinsicht, sei es geografisch, geologisch, historisch, menschlich oder touristisch. Ob man Bonifacio vom Meer oder von den umliegenden Felswegen aus betrachtet oder aus der *ville haute*, der Oberstadt, heraus auf die gigantischen Kreidewände über azurblauer See, die schmale Meerenge bis Sardinien, die Hafenbucht, die Marina mit Luxusyachten und die Unterstadt schaut, stets eröffnet sich eine spektakuläre Aussicht und ein herrliches Fotomotiv. Blickt man auf die Häuserzeile der Altstadt, die am 60 Meter hohen, sacht erodierenden Klippenrand ums Hinabstürzen geradezu zu wetteifern scheinen, kann es einem recht schwindlig zumute sein. Die starke Ausdehnung der Zitadelle ließ den Bürgerhäusern wenig Raum, weshalb sie sich heute auf mehreren Etagen in die Höhe recken. Jahrhundertelang hievten sich die Leute aus Sicherheitsgründen über hölzerne und gestrickte Leitern in ihre Behausungen.

TIPP
Außerhalb der Sommermonate lässt sich Bonifacio am besten in aller Ruhe erkunden.

Bonifacio mit einer Kernpopulation von etwa 3200 Menschen ist die südlichste Stadt Frankreichs und der vielleicht älteste bewohnte Flecken Korsikas, lange vor Erscheinen der Griechen und Römer. Den Beweis für prähistorische Präsenz lieferte der Fund der „Dame von Bonifacio", ein gut erhaltenes Skelett einer etwa 35-jährigen Frau aus der mittleren Steinzeit, die im vorchristlichen 8. Jahrtausend mit jagenden und fischenden Nomaden in den Grotten der Steilküste lebte. Die konservierte prominente Tote kann man in Levie im Musée de l'Alta Rocca besichtigen. Offiziell gegründet wurde Bonifacio etwa im Jahr 830 n. Chr. von Namensgeber Bonifacio II. von Lucca, Markgraf der Toskana und Präfekt von Korsika, der die Südspitze militärisch befestigen ließ und erfolgreich gegen die Sarazenen verteidigte.

- 20169 Bonifacio, www.bonifacio.fr
- ÖPNV: Fernbusse ab Ajaccio, Propriano, Sartène, Porto Vecchio, Haltestelle Bonifacio Hafen

Im Reich der Maronen

4 Die Kastanienwälder der Castagniccia

Romanische Kapellen, imposante Barockkirchen, malerische Dörfer, mit Kalkschiefer gedeckte Häuser, freilaufende Schweine, Wälder bis zum Horizont, leuchtend-grüne Täler – die Castagniccia ist die wohl ursprünglichste Mikroregion der Insel. Hier finden sich verlassene Weiler und Ruinen am Wegesrand, kaum befahrene Serpentinen. Von Mai bis Oktober ist die Castagniccia ein beliebtes Wandergebiet, ein Ruhepol für Erholungsuchende, ein Hort der Stille, und dennoch erreicht man von hier aus die langen Sandstrände der Costa Verde in einer guten Stunde. Im Winter jedoch leeren sich die ohnehin schwach bevölkerten Dörfer noch mehr, der Niedergang der einst wirtschaftlich blühenden Kastanienregion wird sichtbar.

Die im 13. Jahrhundert von den Genuesen eingeführten Edelkastanien sicherten den Bergbauern das Überleben. Aus dem Kastanienmehl backten sie Brot und Polenta, mit Kastanien mästeten sie Schweine, aus dem Holz fertigten sie Dachgebälk. Vor allem dienten Kastanien als Tauschwährung für Öl, Mandeln, Obst, Wein und andere Inselprodukte. Gelagert wurden die Früchte auf Trockenböden und in geheizten Kastanienzimmern der Wohnhäuser. Obwohl Kastanien auch heute noch einen Absatzmarkt haben für Bier, Polenta, Marmelade, Püree, geröstete Maronen, Crêpeteig, Mandelpinienkuchen und diverse Delikatessen, ist die Blütezeit der Kastanienwirtschaft seit dem Import von billigerem Weizenmehl lange passé. Kein Vergleich zum 19. Jahrhundert, als die Jahresernte viele Tausend Tonnen Kastanien betrug. Die sorgsam angelegten Terrassen verwildern, die meisten Kastanienbäume, die eigentlich bis zu 600 Jahre alt werden können, sind verschwunden. Dafür blüht der Wandertourismus. Die beliebte Bergwanderung vom Col de Prato oder vom Parkplatz Campodonico aus auf den 1767 Meter hohen Gipfel des Monte Petrone erfordert mittlere Kondition und Ausdauer für fünf Stunden.

TIPP

In Valle-d'Orezza entspringt die kohlensäurehaltige Orezzaquelle (www.orezza.fr) mit fast welthöchstem Eisenanteil.

● Kastanienwälder, Wanderung von Campodonico, 20229 Pie d'Orezza, zum Monte San Petrone, 20229 Nocario

Pferde, Läufer, Büßer

5 Pasquale Paolis Hauptstadt Corte

Sein Standbild schmückt den zentralsten Platz der 7000-Seelen-Stadt Corte im Inneren der Insel. In dieser alten Ortschaft mit zahllosen Treppen und steilen Gassen vor einer überwältigenden Gipfelkulisse findet die Paoli-Bewunderung ihre intensivste Ausprägung. Kein Wunder, denn der Revolutionär, Widerstandskämpfer und Präsident Pasquale Paoli (1725–1807) hatte sie zur Kapitale des Staates Corsica mit demokratischer Verfassung erklärt. Diesen Status trug Corte zwar nur von 1755 bis 1769, aber viele Autonomieanhänger, seien sie politisch extremistisch oder gemäßigt, trauern bis heute um den Volkshelden und betrachten Corte als heimliche Hauptstadt.

Trotz seiner Universität verfällt Corte spätestens ab Ende Oktober in einen Winterschlaf, aus dem es erst an Ostern wieder erwacht. Die Stadt ist nicht gerade wohlhabend und Arbeit für alle bleibt ein frommer Wunsch, da kann auch der Fremdenverkehr nicht ganz Abhilfe schaffen. Die Enge in der Altstadt, wo sich die Urlauber drängen, täuscht. Denn die meisten Besucher kommen als Tagestouristen und wohnen andernorts, dementsprechend karg ist das Angebot an Hotels. In der Sommersaison wird sogar ein großes Studentenwohnheim im Tal unweit des Bahnhofs als Hotel genutzt und bietet dann als einzige offizielle Touristenunterkunft innerorts einen Garten und einen Pool. Dafür mangelt es in Corte nicht an Restaurants, Cafés und Bars.

Die Stadtverwaltung bemüht sich außerdem um attraktive Events, wie zum Beispiel *Cavall'in Festa* am ersten Juniwochenende: ein Pferdefest mit Reitshows, Paraden, Dressurvorführungen und einem Markt für Kunsthandwerk und landwirtschaftliche Produkte. An Gründonnerstag *(ghjovi santu)* und Karfreitag *(venneri santu)* ziehen Kreuzwegsprozessionen mit vermummten Büßern in Kapuzen und Kutten durch die Stadt. Anfang Juli beginnt und endet in Corte der aufsehenerregende, international bedeutende Restonica Trail für trainierte Laufsportler. Dann ist auch die ganze Stadt auf den Beinen, um die Läufer anzutreiben, zu umarmen und zu beglückwünschen.

TIPP

Eine anspruchsvolle, etwa fünfstündige Wandertour führt von Corte aus zum Naturdenkmal Arche de Corte.

- 20250 Corte, Rundweg sentier du patrimoine, www.sentiers-patrimoine-corse.fr
- ÖPNV: Bahn von Ajaccio und Bastia, Überlandbusse

Bäume umarmen

6 Korsische Schwarzkiefern im Bavella-Wald

Die spektakuläre Felslandschaft des Bavella-Passes, der baumdichte Vizzavona-Wald oder das mit lichtem Baumbestand bewachsene Tassineta-Tal bei Haut-Asco berühren uns positiv durch das grünliche Farbenspiel der Sonne, das genau wie das Plätschern der Bergbäche und die klare Luft unsere Sinne betört. In der Farbsymbolik löst die Farbe Grün bei Menschen offenbar ein Gefühl der Sicherheit und Gelassenheit aus, beste Voraussetzung für einen Ausflug in die reiche Natur der „Insel der Schönheit". Hier ist die Korsische Schwarzkiefer heimisch, botanischer Name Laricio-Kiefer oder pinus nigra. Unter den zahlreichen Kiefernarten, die es gibt, ist sie ein Wunderwerk der Natur, das sich nach einem Waldbrand selbst regenerieren kann und sogar aus verbrannter Erde wieder sprießt. Die Schwarzkiefer liebt Granitböden und ist sehr widerstandsfähig, kann eine Höhe von bis zu 45 Metern und einen Durchmesser von zwei Metern erreichen. Vor allem steht ihr säulenartiger Stamm vollkommen gerade und verzichtet im unteren Teil fast gänzlich auf Zweige, die im Übrigen recht kurz sind und sich bis zur Krone nach und nach verdichten.

Wer Lust verspürt, Bäume zu umarmen, findet auf Korsika genügend Gelegenheit dazu. Früher dienten die robusten Stämme auf Segelschiffen als Maste. Lässt man sie in Ruhe weiter gedeihen, können die Klimahüter bis zu 800 Jahre alt werden. Sammelt man ein paar ihrer außen braunen, innen schwarzen Zapfen ein, stellt man fest, dass diese kürzer sind als unsere deutschen „Tannenzapfen", während die Nadeln besonders lang sind. Je älter der Baum wird, desto schirmförmiger wird seine Krone, wobei junge Laricio-Kiefern lange Zeit ihren schlanken Wipfel behalten. Die Vegetationsgrenze liegt bei etwa 2000 Höhenmetern, und weil sie Frost bis minus 28 Grad aushält, fühlt sich die Schwarzkiefer auf Korsika mit den hohen Bergen, die im Winter schneebedeckt sind, besonders heimisch. Zwar beugt sie sich der Windstärke dann doch irgendwann, aber umwerfen wird sie das nicht.

TIPP

Auch in Deutschland kann man gelegentlich schon klimatolerante Korsische Schwarzkiefern umarmen.

- Forêt de Bavella bei 20124 Zonza und Forêt de Vizzavona bei 20219 Vivario-Vizzavona
- ÖPNV: Bus ab Zonza zum Pass (Juli/August)

Zitterpartie mit Panorama

7 Mit der Schmalspurbahn von Ajaccio nach Bastia

U Trinichellu, der Kleine, nennen die Korsen liebevoll ihre Schmalspurbahn, die seit 1889 Menschen und Waren quer über die Insel transportiert und manche Weiler in den Bergen überhaupt erst für den Verkehr erschlossen hat. Eine Fahrt mit den Schienenbussen, deren Spurweite nur einen Meter beträgt, gehört zu den abenteuerlichsten Ferienerlebnissen von Familien mit Kindern, von Wanderern, Backpackern und Eisenbahnnostalgikern. Die Hauptstrecke führt von Ajaccio in knapp vier Stunden mitten durch das gebirgige Zentrum der Insel, 158 Kilometer weit über Corte nach Bastia. Steigungsgrad drei Prozent, bis 930 Höhenmeter. Die Felsen sind zum Greifen nahe, abschüssige Waldhänge, Schluchten und andere Abgründe rauschen hinter den Panoramafenstern in schwindelnder Tiefe vorbei. Inklusive der Nebenstrecke von Ponte Lecchia nach Calvi verfügt das Gesamtnetz heute auf 232 Kilometern über 36 Tunnel sowie 38 Brücken und Viadukte.

Tausende Arbeiter und Handwerker, überwiegend Italiener, schufteten in den 1880/90er-Jahren an dem Riesenprojekt und realisierten in kurzer Bauzeit 43 Tunnel, 76 Brücken, 57 (heute größtenteils verlassene oder umgenutzte) Bahnhöfe, 50 Lagerhäuser und zwölf Wartungsgebäude. Die 1935 eröffnete Ostküstenlinie von Bastia nach Porto Vecchio wurde 1943 unwiederbringlich von deutschem und italienischem Militär zerstört. Das mit 171 Metern längste Viadukt (Eisenteile 140 Meter), der Pont Eiffel nördlich von Vivario (Foto), verläuft in der luftigen Höhe von 84 Metern, steht als *monument historique* unter Denkmalschutz und sieht aus wie der umgekippte Pariser Eiffelturm. Der frankoschweizerische Ingenieur Maurice Koechlin verantwortete das eindrucksvolle Werk.

Auch die neueren Waggons ruckeln und rattern noch über die Schienen, was dem *Trinichellu* einen zweiten Spitznamen einbrachte. In Anlehnung an den TGV, den französischen Hochgeschwindigkeitszug *Train à grande Vitesse,* bezeichnen die Korsen ihren TGV de Corse frotzelnd als *Train à grande Vibration,* als Hochzitterzug.

TIPP

Die spektakulärsten Ausblicke bietet das Teilstück zwischen Vivario und Bocognano südlich von Corte.

● U Trinichellu, Chemins de Fer de la Corse (CFC), Gare d'Ajaccio (Startpunkt), Boulevard Charles Bonaparte, 20000 Ajaccio, https://cf-corse-corsica

Leidenschaften hinter Granit

8 In Sartènes Altstadtviertel Pitraghju-Manighedda

Die typischen, abweisend wirkenden hohen Wohnhäuser von Sartène wurden aus Granit-Quadersteinen errichtet und sind unverputzt. Man kann sich gut vorstellen, wie einst die ins Hausinnere verbannten Frauen und Töchter der strengen, auf Ehre und Moral pochenden Familienpatriarchen durch die Lamellen der geschlossenen Fensterläden lugten, um sehnsüchtig einen Blick auf die reale Welt da draußen und vielleicht auf ein feuriges Mannsbild zu erhaschen. Diese fünf- oder sechsstöckigen Gebäude prägen vor allem den nördlichen und ältesten Teil der Altstadt, das Viertel Pitraghju-Manighedda (eingebettet in die größere Fläche des Quartier de Santa Anna).

In diesen Teil der *vieille ville* gelangt man von der Place Porta aus durch einen Torbogen des Hôtel de ville. Unvermittelt findet man sich in einer mittelalterlich engen Welt mit schmalen Gassen, Treppen, Stichstraßen und dunklen Hofdurchgängen wieder. Filmemacher lieben dieses „authentische" Ambiente. Hier versteckte sich die Bevölkerung, wenn es mal wieder losging mit den Blutrachemorden der verfeindeten Clans, der Paoli und Durazzo gegen die Bartoli, Carabelli, Bernardini. Zwar schlossen sie gelegentlich auf politischen Druck Friedensverträge, auch mit kirchlichem Segen. Dann ruhten die Fehden für einige Jahre bis zur nächsten, vermeintlich harmlosen Provokation, wie eine Ehrverletzung durch einen frechen Blick auf Schwester, Tochter, Ehefrau, eine abfällige Bewegung, eine Beleidigung durch Nichtgrüßen oder Grinsen, und schon drehte sich die tödliche Rachespirale aufs Neue. Etwa 4500 Korsen wurden allein in der ersten Hälfte des 19. Jahrhunderts ermordet, sehr viele davon im Sartenais.

Bei einem Erkundungsgang durch das alte Viertel kommt man an der Échauguette vorbei, einem Wachtürmchen als einzigem Überbleibsel der einstigen Zitadellenmauer, neben dem sich auf der Mauer das romantische Terrassen-Restaurant Jardin de l'Échauguette mit Meerblick befindet.

TIPP

Le Moulin à huile in der Rue du Marché (Foto) verkauft eigenes Olivenöl und andere Spezialitäten.

● Pitraghju-Manighedda, 20100 Sartène
Restaurant Le Jardin de l'Échauguette, Place Vardiola/Rue Petrajo, 20200 Sartène
● ÖPNV: Bus ab Propriano, Porto-Vecchio, Bonifacio, Ajaccio

RESTAURANT
Le Sartène
En face de la Poste
TEL 04 95 73 41 47
PLAT DU JOUR
MENUS-CARTE
Moulin à Huile
Moulin à Huile
VENTE DIRECTE D'HUILE D'OLIVE
ENTRÉE LIBRE

Pack die Badehose ein!

9 Wildbaden in Bächen, Flüssen und Kaskaden

Smaragdgrüne Nässe, eisblaue Tiefe, silbern schillernde Pools, strudelnde Jacuzzis, tosende Kaskaden, rauschende Ströme, pfeifende Rinnsale, tropfnasse Steine, überschwappende Güsse, gluckernde Wellen, glitzernde Wasserperlen. Unendlich variabel erscheinen die Farben, die Geräusche, die Tiefen der natürlichen Badewannen, Duschen und Gumpen von korsischen Fließgewässern. Kaum ein Spaß an Hitzetagen kann mit einem Bad in einem Wildbach mithalten, die Freude geht weit über eine reine Erfrischung hinaus, wir schwimmen im Glück. Wagemutig pirschen wir uns heran und klettern über dicke Steine nah ans Ufer. Vorsichtig lassen sich die Älteren in die gletscherhafte Kälte gleiten, die Jungen springen. Allen stockt der Atem, Schreckensschreie vermischen sich mit jubelndem Gelächter – pralle Lebendigkeit. Andere blicken verwundert auf uns herab, schütteln die Köpfe über die Verrückten, befreien sich immerhin von den dicken Wanderschuhen, strecken die wunden Zehen ins Wasser. Wieder andere suchen sich ein flaches Felsplateau für ein Sonnenbad, ein Nickerchen oder packen den Sommerroman aus.

Korsika ist nicht nur eine perfekte Insel für Wander- und Strandferien, sondern auch ein Paradies für Menschen, die im Hochsommer leidenschaftlich gern im Freien baden und schwimmen, je wilder desto besser, in Seen, Flüssen, Bergbächen. Insidertipps haben unter den Fans Hochkonjunktur. Korsika punktet ganz besonders mit abgelegenen Naturgewässern und versteckten Badestellen, hier hat man die Qual der Wahl zwischen Hunderten von Möglichkeiten, gezielt oder spontan ins kühle Nass zu hüpfen. Oft ist dies allerdings mit Anstrengung und Kletterpartien verbunden, aber umso schöner die Belohnung. Für alle Fälle sollten Badezeug und ein kleines Handtuch immer im Tagesrucksack stecken. Und Vorsicht vor Wetterumschwung, Starkregen und Flussschleusen!

TIPP

Für Canyoning mit Helm und Spezialausrüstung, die hohe Kunst des Wildbadens, gibt es viele Angebote.

● Canyon Corse, Route de Mezzavia, 20167 Mezzavia, www.canyon-corse.com
Weitere Anbieter: www.corse-aventure.com, www.corsicanatura-activites.fr

Kaiser über alles

10 Die Napoleon-Denkmäler in Ajaccio

Ajaccio als Schauplatz von Napoleons Kindheit würdigt seinen bedeutendsten Sohn mit gewaltigen Monumenten. Vor allem drei gigantische Denkmäler übertreffen das meiste, was man bisher an Personenkult in Form von Memorials gesehen hat. Ins weiße Marmorgewand eines römischen Konsuls hüllte Francesco Massimiliano Laboureur den Kaiser. Die Figur steht auf einem mit allegorischen Figuren verzierten Sockel, der nochmals erhöht auf einem von vier Löwen bewachten Brunnen ruht. Die blumenbepflanzte Anlage befindet sich am Rande der Place Maréchal Foch (im Volksmund Place des Palmiers) mit Cafés und Ruhebänken, einer der schönsten Orte der Stadt, um beim Aperitif die Flaneure zu beobachten. Mehr Weite und verkehrsberuhigten Auslauf für Kinder mit Rollern und Fahrrädern bietet dagegen die Place du Général de Gaulle (im Volksmund Place du Diamant). An deren Südseite stellt eine bronzene Skulpturengruppe den berittenen Napoleon mit Lorbeerkranz und Weltkugel dar, umringt von seinen vier Brüdern, ebenfalls als Römer verkleidet (Foto). Wegen der Form des Sockels erhielt das Denkmal den Spitznamen *encrier*, Tintenfass. Der Platz bildet den Übergang zwischen den Gassen der Altstadt und der modernen City, und man kann von hier aus besonders im sanften Abendlicht den Blick auf die dicken Fähr- und Kreuzfahrtschiffe genießen, die den Hafen gen Marseille oder Toulon verlassen oder die in den Golf von Ajaccio einfahren.

Das ultimative Nonplusultra-Denkmal aber befindet sich auf der noch riesigeren Place d'Austerlitz, es ist die Kopie einer Skulptur von Charles Émile Seurre im Ehrenhof des Pariser Invalidendoms. Im taillierten Gehrock mit Zweispitz auf dem Kopf thront Napoleon in Bronze auf sechs Podest-Ebenen über einer steilen Treppe, in die eine Granitplatte eingelassen ist, in welche die wichtigsten Schlachten des Feldherrn eingraviert wurden. Der beschwerliche Aufstieg entschädigt mit fantastischen Ausblicken über die Hauptstadt und die Westküste.

TIPP

An der Place Foch startet der petit train. Caffe Cinecitta Panini serviert Cocktails und kleine Speisen.

- Napoleon-Denkmäler, Place d'Austerlitz, Place Maréchal Foch und Place Général de Gaulle, 20000 Ajaccio
- ÖPNV: Bus 7, Haltestelle Leclerc oder Fabiani

A LA MEMOIRE DE NAPOLEON I

Ein Aperitif in Ehren

11 Die Boutique L.N. Mattei in Bastia

Als „Säuferhimmel" rühmte ein offensichtlich tief beglückter Besucher in einem Kommentar den im Stil eines Kolonialwarenladens eingerichteten Concept-Store der Distillerie L.N. Mattei in Bastia. Tatsächlich umfängt uns hinter der breiten Fassade des Wein- und Spirituosen-Stammhauses an der Place Saint-Nicolas eine ganz in Rot getauchte, bühnenhafte Szene mit einer antiken Theke, hinter der ein zuvorkommender Barkeeper verkostungsfreudige Kundschaft erwartet. In deckenhohen Vitrinen und Holzregalen türmen sich Hunderte Flaschen mit edlen Getränken. Auf den abgetretenen dunklen Dielen stapeln sich Kisten, deren aufgedruckter Hinweis *LE SEUL VRAI* jeden Zweifel an der Originalität des darin in 75-Centiliterflaschen lagernden Aperitifs im Keim ersticken soll.

Der Cap Mattei rouge bzw. blanc stellt mit 6600 Flaschen, die jährlich allein in diesem Shop verkauft werden, bis heute das Zugpferd des Unternehmens Mattei dar. Den bitter-süß schmeckenden Apéro aus Misteln und eingelegter Chinarinde, den Rebsorten Muscat und Vermentinu sowie einer Geheimmischung aus korsischen Kräutern und Früchten entwickelte der Weinbauer Louis Napoléon Mattei 1872. Man trinkt ihn pur, on the rocks oder als Capo Sprizz mit Crèmant. Zu dieser Zeit wurden Fieberkrankheiten, vor allem die rund um Porto Vecchio grassierende Malaria, mit Chinin bekämpft, sodass der Likör durchaus vorbeugende Wirkung entfaltete und sich rasch zum korsischen Nationalapéro mauserte, bevor er sich weltweit durchsetzte. Fast ebenso beliebt sind der *Cédratine*, ein Likör aus wilden Zitronen, und der *Myrttei* aus Myrtenbeeren. Mattei schuf darüber hinaus einen korsischen Single Malt Whisky der Marke P&M Pietra & Mavela.

Auf einer Anhöhe bei Ersa auf der Halbinsel Cap Corse thront eine Windmühle, die François Mattei 1932 erworben hatte und restaurieren ließ. Die rote MATTEI-Schrift auf der weiß gekalkten Fassade ist von Weitem zu erkennen. Von hier aus hat man einen fantastischen Blick über die Westküste bis ins Désert Les Agriate.

TIPP

Die Distillerie L.N. Mattei, seit 2016 in Aléria, bietet zwischen Juli und September Führungen an.

● Cap Corse Mattei, Concept-Store, 15, Boulevard Général de Gaulle (Place Saint-Nicolas), 20200 Bastia, https://distilleriemattei.com

● ÖPNV: Bus 3, Haltestelle Falata di A Piá

MATTEI
CAP CORSE ROUGE
L.N. MATTEI
LE SEUL VRAI
UN CAP
CORSICA
BASTIA
1872
REMY MARTIN

Canyoning und Kastanien

12 Attraktionen in Bocognano und im Gravona-Tal

Bocognano ist eines von zehn Dörfern des lieblichen Gravona-Tals, Vallée de la Gravona, das sich von dort rund 40 Kilometer bis etwa nach Sarrola-Carcopino zieht. Die terrassenförmige Siedlung liegt an der Hauptachse der T20 von Ajaccio nach Bastia, verfügt über einen schönen historischen Bahnhof und dient Bergwanderern als Versorgungsstation. Zu den Attraktionen des Ortes gehört neben einigen empfehlenswerten Restaurants das kleine ethnologische Écomusée U Palazzu, das Exponate aus der Regionalgeschichte zeigt. Den Bau des repräsentativen Palazzu hatte Napoléon Bonaparte beauftragt, er nutzte sein „Ferienhaus" allerdings nie.

Die populärste Sehenswürdigkeit der Gegend erreicht man über die Abzweigung D27 in Richtung Bastelica (dem Geburtsort des 1497 geborenen Volkshelden Sampiero Corso). Auf diesem Weg pirscht man sich an den „Brautschleier-Wasserfall" heran, den höchsten Wasserfall der Insel. Die Wassermassen dieser Kaskade mit dem romantischen Namen *Voile de la Mariée* stürzen über eine Fallhöhe von 150 Metern in den Abgrund. In der Nähe fließt die bescheidenere Cascata d'Ortola über grobe Steine. Noch näher an Bocognano befindet sich (unweit einer alten Wassermühle) die für Canyoning-Fans geradezu paradiesische Schlucht Richiusa, zwischen deren Felsen sich der 1200 Meter lange Wildbach Cardiccia hinabstürzt.

TIPP

Der größte korsische Abenteuerpark in Vero bietet Kletterspaß für Groß und Klein (www.reves decimes.fr).

Vor allem aber ist Bocognano für seinen riesigen landwirtschaftlichen Markt bekannt, die *Fiera di a Castagna* am ersten Dezemberwochenende. Etwa 150 Marketender aus ganz Korsika versammeln sich dann hier und bieten Esskastanien in jeglicher Form an – frisch geröstet, gegrillt, paniert, verarbeitet im *brocchiu*-Käse, angemacht als *paté* mit Olivenöl, eingebettet in *crêpes* oder andere *pâtisseries*, in Macchiahonig oder zum Durstlöschen als Kastanienbier. Natürlich gibt es auf diesem Markt viele weitere regionale Produkte zu erwerben, abgesehen von kulturellen Genüssen wie Konzerten, korsischer Literatur und Handwerkskünsten von Töpfern, Schnitzern sowie Scheren- und Messer-Mechanikern.

- 20136 Bocognano mit Écomusée U Palazzu, Quartier Moraschi, und Kastanienmarkt, www.fieradiacastagna.com
- ÖPNV: Bahn Bastia–Ajaccio, Haltestelle Bocognano

Von Botticelli bis Tizian

13

Im Museum der Schönen Künste in Ajaccio

Kardinal Joseph Fesch (1763–1839), korsischer Sohn eines Schweizer Militärs und Halbbruder von Letizia Ramolino, der späteren Madame Mère, Mutter von Napoléon Bonaparte, führte ein kirchen- und staatspolitisch bewegtes Leben. Einerseits profitierte er von der Karriere seines kaiserlichen Neffen. Andererseits ergriff er in dessen Streit mit Pius VII., den Napoleon von 1806 bis zu seiner eigenen Abdankung 1814 gefangen hielt, deutlich Partei für den Papst. Zwar war der Katholizismus als Staatsreligion seit dem Konkordat von 1801 abgeschafft und die Trennung von Kirche und Staat zementiert worden, aber der Inhaber des Heiligen Stuhls war nach diesen Zugeständnissen nicht bereit, auch noch Napoleon I. als Untertan zu dienen.

All dies beschäftigte Joseph Fesch jedoch nur am Rande, hauptsächlich widmete er sich seiner Leidenschaft als Kunstsammler. Sein größtes Glück fand er beim Stöbern nach Werken vor allem der italienischen Kunst. Es gelang ihm, 16.000 Gemälde zusammenzutragen und zu hinterlassen! Einige der Kunstwerke soll er sich während seiner Zeit in der Militärverwaltung illegal durch Plünderung beschafft haben. Ein weiteres seiner hochgesteckten Ziele stellte der Bau einer Kunstakademie dar, die er seinen korsischen Landsleuten schenken wollte. Mitten im pulsierenden Altstadtviertel U Borgu ließ er für diesen Zweck das Palais Fesch errichten, dessen Vollendung 1852 er nicht mehr erlebte. Im Innenhof erinnert ein Denkmal an den begeisterten Mäzen. Feschs Universalerbe Joseph Bonaparte aber dachte gar nicht daran, das Vermächtnis einzulösen. Großzügig bediente er sich in der Kunstsammlung. Vor allem die Gemälde des 16. Jahrhunderts hatten es ihm angetan, die aus heutiger Sicht so wertvollen „Primitiven" der Frührenaissance dagegen interessierten ihn nicht. Dieser Verachtung verdankt das 1858 eingeweihte Musée Fesch mit Werken von Botticelli, Tizian, Bellini und Rimini die nach dem Louvre zweitgrößte Sammlung italienischer Malerei in Frankreich. Ende gut, alles gut.

TIPP
Im linken Flügel befindet sich die prachtvolle historische Stadtbibliothek, auch ein Fesch-Erbe.

● Musée des Beaux-Arts und Bibliothèque patrimoniale im Palais Fesch, 50–52, Rue Cardinal Fesch, 2000 Ajaccio, www.musee-fesch.com
● ÖPNV: Bus 2, Haltestelle Saint Roch

Urwüchsig und zerklüftet

14

Rundfahrt um das wilde Cap Corse

Cap Corse ist ein Wanderparadies, eine Radlerhürde, ein Seglerpark. Kleine Buchten mit malerischen Marinas in Fischerdörfern, von Schieferfelsen gesäumte Höhenwege, gelegentlich ein Kieselstrand (Sand nur an der Spitze) und allerhand Wachtürme aus genuesischer Zeit. Bergdörfer schweben hier an noch steiler ansteigenden Hängen über der Küste als auf der Hauptinsel, zugänglich über holprige Wege, dazwischen mal ein exotischer Prachtbau, einst von Amerikaheimkehrern gebaut, die in der Fremde Wohlstand und Glück fanden. Verfallene Klostermauern und Bergerien. Sogar leere Industriehallen. Verlassene Weiler, versteckt in der alles überziehenden Macchia. Dazwischen gibt es einige wenige bewirtschaftete Terrassenkulturen und Weinberge, Steineichen und Kiefern, überragt von einem bis zu 1307 Meter hohen Bergmassiv.

L'isula indè l'isula, die Insel in der Insel, wird die 12 bis 15 Kilometer breite Halbinsel im Norden gern genannt, noch ein Gebirge im Meer, ein erhobener Zeigefinger der Mutterinsel, ein exponierter Mikrokosmos mit eigenen Geschichten, ein Naturparadies für alle Sinne. In dürren Zahlen bedeutet das: 306 Quadratkilometer, nicht ganz 7000 Einwohner in 18 Gemeinden mit Dutzenden Einzelorten, das sind fünf Menschen pro Quadratkilometer und zwei Prozent der korsischen Gesamtbevölkerung. Diese Durchschnittszahlen verschweigen, dass es nördlich von Erbalunga im Osten und Nonza im Westen recht still und einsam wird, ab dort beginnt sich das Cap-Corse-Feeling auszubreiten. Von Patrimonio bis zur äußersten Spitze Tollare dehnt sich der Finger 60 Kilometer nach Norden, eine Rundfahrt von Bastia über Macinaggio nach Centuri mit einem Abstecher nach Tollare und über Nonza zurück bis Patrimonio ergibt eine Strecke von 120 Kilometern. Das lässt sich über die Haupt- und Panoramastraße an einem Tag bewältigen, wäre aber verschenktes Reiseglück in Anbetracht der serpentinenreichen Westküste und der zahlreichen Möglichkeiten für eine Pause, um die herrlichen Weitblicke wirklich zu genießen.

TIPP

In Erbalunga findet donnerstags ein Markt regionaler Erzeuger statt, im Juli/August auch montags.

● Cap Corse

Marché de Producteurs d'Erbalunga, Place de la mairie, 20222 Erbalunga

● ÖPNV: Bus Bastia–Macinaggio, Haltestelle Erbalunga

Schweine im Glück?

15 Freie und wilde Tiere auf Korsikas Straßen

Es ist heiß, 36 Grad im Schatten, Mittagszeit. Eine kleine Gruppe von Kühen drängt sich auf einem winzigen Schattenplatz neben der Landstraße zusammen, darunter ein Kalb. Einige Kilometer weiter liegt eine große Sau mitten auf der Fahrspur, etwas weiter hinten ruht eine andere auf der Gegenfahrbahn. Tot? Nein, sie halten unbekümmert Siesta. Auf den zweiten Blick bemerkt man zehn schwergewichtige schwarze und braune Schweine, die im Asphaltstaub am Straßenrand ruhen. Auf der anderen Straßenseite versuchen schlanke Artgenossen, etwas Fressbares aus dem Böschungsgestrüpp zu reißen. Ein Auto nähert sich, kurvt forsch um die Tiere herum, der Fahrer grinst, grüßt, ein Einheimischer. Wer durch das Inselinnere kutschiert, muss mit freilaufenden Tieren hinter jeder Kurve rechnen, vor allem Wildschweine und halbwilde Hausschweine, Kühe und junge Rinder zählen zur *divagation animale,* der gewollt freiheitlichen Tierhaltung durch Landwirte. Es gibt auch verwilderte Nachkommen aus aufgegebenen Herden oder Kreuzungen zwischen Haus- und Wildschweinen. Letztere können gefährlich werden, Erstere sind friedlich, an Menschen gewöhnt. Es sollen allein 10.000 Rinder auf der Insel vagabundieren, aber ganz genau weiß das niemand.

Sind diese Tiere also glücklicher, leben sie artgerecht? Schwer zu sagen. Leider passieren viele Unfälle, manche enden sogar tödlich für Mensch oder Tier, ein Politikum, für das niemand so recht eine Lösung hat. Bei Zusammenstößen mit gechipten Tieren lässt sich der Besitzer finden, er haftet dann für Schäden, für Wildtierschäden treten manchmal Gemeinden ein. Vor allem bei Hitze nähern sich notleidende Kühe, weil durstig und hungrig, den Dörfern, dann passiert besonders viel. Tierschützer betrachten die *divagation* als eine Form der Tierquälerei. Korsika verzeichnet aktuell mehr als 1200 Landwirte, die älter als 60 Jahre sind, 500 sogar über 70 Jahre, und noch keinen Nachfolger in Sicht haben. Wer aufhört, entlässt häufig seine Tiere einfach in eine zweifelhafte Freiheit.

TIPP

450 Tiere aus 70 Arten, auch Schweine, Ziegen, Esel, leben halbwild im Corsica Zoo in der Nebbio-Ebene.

- Frei lebende Tiere, überall auf Korsika
- Corsica Zoo, Lieu-dit Troscia, Plaine du Nebbiu, 20232 Olmeta-di-Tuda www.corsicazoo.com

Likörchen gefällig?

16

Im Altstadtviertel Borgo in Sartène

Wie ein Amphitheater im Halbkreis ansteigend, hängt die Kleinstadt Sartène an den Hängen im Hinterland von Propriano und des Golfe de Valinco mit Tauchparadies, Sandstränden, Buchten und Ausgrabungsstätten. Obwohl Sartène mit dem Label *Ville d'art et d'histoire* ausgezeichnet wurde, mit dem Frankreich Gemeinden würdigt, die sich besonders um *patrimoine* (nationales Kulturerbe), Architektur und Lebensqualität bemühen, ist hier von Touristentrubel wenig zu spüren. Vielleicht ein ganz besonderer Glücksort, den es sich zu entdecken lohnt. In das verwinkelte Städtchen unternehmen die meisten nur einen Tagesausflug. Man trinkt einen Kaffee oder einen Aperitif im Café des Amis oder einem anderen der Terrassen-Lokale auf der umtriebigen Place Porta, die seit Jahrzehnten offiziell Place de la Libération heißt. Der südlich des Platzes gelegene Teil der Altstadt, das Quartier Borgo, präsentiert sich den Flaneuren offener, freundlicher und mit mehr Läden als das ältere Altstadtviertel Pitraghju-Manighedda.

TIPP

Der Wochenmarkt findet im Juli/August täglich, sonst nur samstags auf der Place Porta statt.

Zum Kulturerbe kann man in Sartène auch Rotwein aus dem Sartenais zählen. Wer keine Zeit oder Lust hat, auf einer der umliegenden Domainen an einer Verkostung teilzunehmen, kann sich in der Cave sartenaise, einem auf korsische Produkte spezialisierten Laden, eindecken oder im Boutique-Restaurant A Cantinetta preiswert Käse und Kastanienkuchen essen und nebenbei diverse Liköre und Weine probieren. In dieser Straße (Rue Benedetti) und am Cours Soeur Amélie gibt es allerhand Lokale und Shops. Den Rundgang durch das Borgo-Viertel könnte man mit einem Spaziergang über die Rue Antoine Crocce beschließen und dann die Treppen zum Musée départemental de Préhistoire corse et d'Archéologie hinaufsteigen, wo erstens eine klimatisierte Ausstellung in einem modernen Glaskasten, zweitens eine Fülle an Exponaten und Informationen über die Vor- und Frühgeschichte warten.

- Borgo mit Café des Amis und La Cave sartenaise, Place Porta, 20100 Sartène
- ÖPNV: Bus ab Propriano, Porto-Vecchio, Bonifacio, Ajaccio

Pietra

Spektakuläre Mutprobe

17 Durch die Schlucht der Scala di Santa Regina

Die verwegene, abenteuerlich romantische, 21 Kilometer lange Schluchtstraße Scala di Santa Regina, die sich oberhalb des Flusses Golo von Castirla bis Calacuccia, dem Hauptort des Niolo-Tals, durch graurötliche Granitfelsen schlängelt, gehört zu Korsika-Ferien wie der AOP-Schafsmilchkäse Brocciu. Wer sie nicht getestet hat (analog: wer den Brocciu nicht probiert hat), ist in das Herz der Insel nicht vorgedrungen.

Die um 500 Meter ansteigende Strecke, die uns von Osten in die Niolo-Hochebene führt, als malerisch zu beschreiben, wäre zu harmlos, um ihre so bedrückende wie mitreißende Schroffheit zu schildern. Die teils überhängenden, von Wind und Wetter in Jahrtausenden geschnitzten Tafoni-Formationen wurden schon mit den gestürzten Titanen von Peter Paul Rubens und mit Höllenmalereien verglichen. Als eine der letzten Querstraßen der Insel wurde die 81 Kilometer lange West-Ost-Verbindung D84 von Porto nach Francardo ab 1835 als *route forestière 9* durch die Berge geschlagen, ein gigantisches Werk. Der Bau dauerte 40 Jahre, weil die Straße mit tiefen Stützmauern unterlegt werden musste. Weiter westlich überquert sie den Col de Vergio auf 1477 Metern und ist damit die höchste Passstraße Korsikas. Die Scala di Santa Regina (Straße der Himmelskönigin) endet am großen Stausee Lac de Calacuccia und dessen eindrucksvoller Staumauer und damit an Korsikas größtem Stauprojekt zur Stromgewinnung und Bewässerung. Zuvor bemerkt man schon einen kleineren Stausee bei Corscia. Es wird immer wieder davor gewarnt, im Abschnitt der Scala in das Flussbett und die Gumpen hinabzusteigen, denn urplötzlich kann aus dem Stausee abgelassenes Wasser in die Schlucht schießen und diese rasch hoch überfluten. Also beschränken wir uns auf den Augenschmaus bei dieser Tour, die für Radfahrer, die sich von Westen auf dem GT20 nähern, fast erholsam ist, denn vom Vergio-Pass geht es überwiegend bergab bis zum 1000 Meter niedriger liegenden Corte.

TIPP

Es empfiehlt sich, vor den Haarnadelkurven zu hupen, Wohnmobile sollten die Scala meiden.

● Scala die Santa Regina mit Endpunkt Lac de Calacuccia, 20224 Calacuccia

Ein Zebra auf der Wiese

18 Die Kirche San Michele de Murato

Sie sieht aus wie ein Zebra mit einem Giraffenhals und steht in der fruchtbaren Mikroregion Nebbio als majestätischer Solitär auf einem Plateau hoch über dem Bevincobecken außerhalb des Dorfes Murato. Manche sehen auch eine Sphinx in ihr oder willkürlich gemixte Schachbrettmotive. Ganz sicher ist San Michele de Murato aus spätpisanischer Zeit die auffallendste Kirche von Korsika, sie wurde 1280 geweiht. Der französische Schriftsteller Prosper Mérimée, der 1839 im Staatsauftrag korsische Monumente begutachtete, nannte sie „die eleganteste Kirche der Insel", womit er zweifelsohne Recht hat. Das äußerst dekorative zweifarbige Mauerwerk besteht aus unregelmäßig zusammengesetzten horizontalen Bändern von grünem Serpentin und Kalkstein aus dem Bevincotal. Der auf zwei überlangen dünnen Säulen ruhende viereckige Glockenturm, dessen Höhe die ansonsten harmonischen Proportionen des romanischen Gotteshauses stört, war offenbar ohne Sinn und Zweck nachträglich im 19. Jahrhundert erhöht worden. Das Äußere ist reich mit sorgfältig gearbeiteten menschlichen Skulpturen, Tierfiguren, Weinlaub, Sternen, Flechtwerk und Ranken verziert. Dagegen erscheint die Kirchenhalle beinahe schmuckfrei, sieht man von der inneren Seite der Serpentin-Kalk-Bänder und einigen Freskenresten aus dem 13. Jahrhundert ab. An der Kirche beginnt der acht Kilometer lange Rundweg *Histoire de pierres et d'eau* zur Geschichte des Nebbio.

TIPP
Gut und reichlich isst man im Restaurant Le But in Murato, Einheitsmenu inklusive Wein und Kaffee.

Der Ausflug ins Nebbio (Nebel), das wegen seiner landwirtschaftlichen Vielfalt an Oliven, Obst, Wein und anderen Leckereien den Beinamen *Conca d'Oro*, Goldmuschel, führt, sollte unbedingt mit einer Fahrt entlang der romantischen Landstraße D62 verbunden werden. Kurze Stopps in Rapale, Piève, an der Cascade de Sorio und in San-Pietro-di-Tenda bieten sich an. In Piève entdeckt man neben der Kirche, geschützt durch eine Glaswand, drei megalithische Menhire aus der Region. Die Weinfelder von San-Pietro-di-Tenda gehören zum AOP-Weinbaugebiet Patrimonio.

- San Michele de Murato, D5, ein Kilometer nördlich von Murato
- Restaurant Le But, Rue Soprano, 20239 Murato, Tel. +33 4 95 37 60 92 (nur auf Reservierung)

Traumstrände im Südosten

19 Plage Santa Giulia und Plage Polombaggio

Die 1000 Kilometer umfassende Küste von Korsika bietet mehr Bade- und Wassersportvergnügen, als ein Mensch während eines Ferienaufenthaltes bewältigen kann, darunter etwa 300 Kilometer Sandstrand. Ein Badeurlaub will daher sorgfältig geplant sein. Westküste oder Ostküste? Die zerklüftete Westküste mit ihren großen Golfen und kleinen Buchten lockt eher Naturliebhaber und Individualreisende an, die sich nicht scheuen, mal über einen Felsen zum begehrten Strand zu klettern, denen Kieselsteine nichts ausmachen, die eher die Einsamkeit suchen. Vor allem sollten sie die oft sehr holprigen Anfahrten und das beleidigte Knirschen von Stoßdämpfern und Radaufhängung ertragen können. Ganz anders die Ostküste mit infrastrukturellen Zentren in Ghisonaccia und Porto-Vecchio, an der sich zwischen Bastia und Bonifacio kilometerlange kinderfreundliche und in der Hochsaison bewachte Sandstrecken mit großen Parkplätzen, Ferienanlagen und Hotels entlangziehen. Die meisten der *incontournables,* der Must-see-Ziele, liegen tatsächlich im Süden, in den Buchten zwischen Porto-Vecchio und Bonifacio und Richtung Propriano. *Incontournables* bedeutet aber auch überfüllt im Juli und ganz besonders im August, wenn ganz Frankreich und Italien am Strand liegt.

TIPP

Schönste Strände von Bonifacio aus: am Capu di Roccapina (Westen) und im Naturreservat Îles Lavezzi.

Zu den schönsten der Schönsten mit azurblauem Wasser ohne Bebauung in Sichtweite gehören die Strände Santa Giulia und Palombaggia. Santa Giulia hat einen nautischen Club mit Kursen für Windsurfen, Stand-up-Paddling, Wellenreiten und Katamaransegeln sowie einen Bootsverleih. Palombaggia ist der weitläufigste Sandstrand um Porto-Vecchio, der sich kilometerweit zu Füßen schattiger Dünen und einer Reihe von Schirmpinien ausbreitet und mit *paillotes* (Strandhütten) als Sonnenschutz bestückt ist. Zu empfehlen ist auch die kleine Bucht von Rondinara, die das tiefblaue Meerwasser fast vollständig umarmt, sodass der Eindruck eines Sees entsteht. Boote ankern hier windstill, Schwimmer genießen die glatte See, deren warme Wassertemperatur sich im Herbst lange hält.

- Plage Santa Giulia mit Club nautique Santa Giulia, Baie de Santa Giulia, Route du Moby Dick
- Plage de Palombaggia, 20137 Porto-Vecchio
- ÖPNV: Strandbusse von Porto-Vecchio (Juli/August)

PARACHUTE
ASCENSIONNEL

Rote Felsen als Kulisse

20 Das Hafenstädtchen L'Île-Rousse

Der ein wenig mondäne Badeort Isula Rossa, französisch L'Île-Rousse, hieß bei seiner Gründung Paolina oder auch Paolivilla, wobei die Römer ihre Niederlassung an derselben Stelle Rubico Rocega genannt hatten, Rote Felsen, was sich auf den rötlichen Porphyrfelsen der vorgelagerten Inseln seitlich des Fährhafens bezieht. Pasquale Paoli erkannte die für die Handelsschifffahrt günstige Lage der Bucht und gründete 1758 den Hafen, um dem genuesischen Port Calvi Konkurrenz zu machen. Heute ist es umgekehrt: Im größeren Calvi legen keine großen Pötte an, während sich in L'Île-Rousse die ein- und ausfahrenden Autofähren des Platzhirsches Corsica Ferries (Nizza, Toulon) und der Corsica Linea (Marseille) rund um die Uhr kreuzen. Aus diesem Grund, aber auch wegen seines milden Klimas, der Strände und seiner Qualitäten als – wenn auch kleine – Shopping-City des Nordwestens hat sich der Ort im Sommer zum trubeligen Touristentreff entwickelt, was sich an den teils gesalzenen Preisen und Autostaus ablesen lässt. In der Nebensaison jedoch erweist sich L'Île-Rousse erfreulicherweise als das, was es eigentlich ist: ein gemütlicher Marktflecken mit einem mit Platanen bestandenen zentralen Platz, netten Boutiquen, einer historischen Markthalle und einer Kathedrale.

TIPP

Knusprige Canistrelli gibt es in der Biscuiterie Salvatori, den Kaffee in der Rösterei Le Bon Café.

Das Dach der Markthalle, in der täglich frisch Gemüse, Fisch, Käse, Wurst, Obst verkauft wird, ruht auf 21 weißen Säulen. Auf dem von Café-Terrassen umringten großen Marktplatz, der gegen Abend von Boulespielern und spielenden Kindern beansprucht wird, wacht eine Büste von Pasquale Paoli über das Treiben, flankiert von vier Palmen. Wer spazieren gehen möchte, hat dafür die lang gezogene Strandpromenade de la Marinella zur Verfügung und kann von dort aus am Damm entlang zu den Roten Inseln marschieren, wo uns ein Genueserturm und ein Leuchtturm (*Phare de la Pietra*) erwarten. Abschließend ein Abstecher zu einem der beiden stadteigenen Strände mit einem erfrischenden Bad im Meer gefällig?

● 20220 L'Île-Rousse mit Biscuiterie Salvatori, Place du Canon und Le Bon Café, Place Marcel Delaunay
● ÖPNV: Tramway de la Balagne Calvi–L'Île-Rousse

Historischer Pferderücken

21 Am Pont Spin a Cavallu

Die Baukunst der Genuesen mit Festungen und Wachtürmen hinterließ bis heute markante Spuren auf der Insel. Besonderes Entzücken lösen die wenigen noch intakten genuesischen Brücken aus dem 15./16. Jahrhundert aus, die man gefahrlos überqueren kann und unter denen sich oft auch Badegumpen befinden. Wer diese Steine wohl schon alles betreten hat, Mensch und Tier? Wer sich wohl über die Brüstungen gebeugt hat, um in die Tiefe zu schauen, um Flussverlauf und Wasserstand zu beobachten? Es bedarf keiner großartigen Fantasie, sich dabei in eine mittelalterliche oder frühneuzeitliche Welt zurückzuversetzen, um sich Menschen mit bepackten Eseln und Hirten mit Schafen und Ziegen vorzustellen, die gemächlich über die Brücke ziehen.

Eine der besterhaltenen und wiederholt sanierten Brücken ist der 65 Meter lange Pont Spin a Cavallu seitlich der D69 im Hinterland von Propriano und Sartène, einer Straße, die ins Alta-Rocca-Gebiet und zum Bavella-Gebirge führt. Der mittig, auf 7,70 Höhenmeter spitz zulaufende einbogige „Pferderücken" über den Rizzanèse stammt sogar aus dem 13. Jahrhundert, also aus pisanischer Herrschaftszeit, und gilt als schönste Genueserbrücke der Insel. Er befindet sich in romantischer Lage neben der Landstraße im Dickicht von Büschen und Schilf. Sein sacht ansteigender, mit dicken, unregelmäßigen Steinen konstruierter Aufgang ist ungewöhnlich lang. Der Übergang verband zwei genuesische Verwaltungsgebiete *(pièves)*, die Bewohner des Piève-di-Vighjanu und des Piève Sartène. Von beiden Seiten des bei Zonza entspringenden, bei Propriano nach 44 Kilometern ins Meer mündenden Rizzanèse aus kann man ins Wasser waten, das im Hochsommer meistens nur knietief ist. Allerdings kann der Pegel sehr rasch anschwellen, wenn Stauschleusen des Alta-Rocca-Elektrizitätswerks geöffnet werden, deshalb ist Vorsicht grundsätzlich immer geboten. Kajaksportler finden im Frühling ihr Glück in dem Wildwasser.

TIPP

Weitere intakte Genueserbrücken finden sich zum Beispiel auch bei Asco, Ponte Lecchia, Évisa, Ota, Altiani.

● Spin a Cavallu, D69, nahe Camping La Rivière, 20110 Arbellara

Von Gumpe zu Gumpe

22

Rund um Galéria die Natur erkunden

Schnorcheln, Tauchen, Windsurfen, Segeln, Paddeln, Wandern und Radfahren – es klingt banal, aber all dies kann man in Galéria unternehmen. Galéria ist ein geruhsames Dorf von geradezu glückseliger Bedeutungslosigkeit, dessen Hauptattraktion einerseits die Unterwasserwelt des Golfes, andererseits die Lage an der Mündung des 25 Kilometer langen Flusses Fango im Umkreis spektakulärer Attraktionen ist. Der Ort zu Füßen des Capo Tondo mit Kiesel- und Grobsandstrand und kleinem Hafen liegt ab vom Schuss am südlichen Rand der Balagne déserte, einer schwach besiedelten, von Macchia bedeckten Landschaft. Eine mittelschwere Wanderung auf den Hausberg Capo Tondo (839 Meter), bei guter Kondition in fünf Stunden hin und zurück zu schaffen, belohnt mit einem fantastischen Ausblick. Einfacher und mit ebenso herrlicher Weitsicht gestaltet sich ein Spaziergang zur südwestlichen Golfspitze Punta di Stollu.

TIPP

Im Fango-Delta kann man gelegentlich Fischreiher und sogar Wasserschildkröten sichten.

Galéria eignet sich als Basisstation für Wanderungen in den Golfe de Girolata und das gleichnamige Dorf, wohin zwar bis heute keine Autostraße führt, dafür aber Rinder am Strand liegen können. Galéria ist auch ein Etappenziel für Weitwanderer auf dem Mare e Monti Nord. Taxiboote bieten ziemlich kostspielige Touren durch das (dadurch zunehmend gefährdete) Naturschutzgebiet der Halbinsel Scandola an. Beliebt sind Kajak- und Kanutouren im Fangodelta, das sich über mehrere Seitenarme erstreckt.

Unvergesslich bleibt ein Tagesausflug, am erlebnisreichsten mit dem Fahrrad auf der D351 oder (auch mit Kindern) als Flusswanderung durch das UNESCO-Biosphärenreservat Vallée du Fango bis zum Weiler Barghiano (14 Kilometer) und dem Monte Estremo zu Füßen des 2335 Meter hohen Gipfels des Capu Tafunatu. Zwischen den Felsen des Fangos laden unendlich viele, teils recht tiefe Gumpen zum Baden ein. Früher überwinterten in dem Tal Ziegen und Schafe, die im Herbst von Hirten aus dem Niolo herabgeführt wurden, inzwischen weiden in der Gegend dauerhaft etwa 1000 Ziegen sowie 1500 Rinder und Schafe.

- 20245 Galéria ; Vallée du Fango, D351, 20245 Manso
- ÖPNV: Bus Calvi–Porto (selten), Haltestelle 4 Kilometer außerhalb am Pont du Fango

Spuren aus der Vorzeit

23 Das archäologische Museum in Sartène

Wer in der heißen Mittagszeit in Sartène gestrandet ist, könnte auf der Suche nach einem schattigen Plätzchen die Monti Cuccu-Treppe hinaufsteigen. Man gelangt zu einem flachen Neubau mit schöner Aussicht, in dessen klimatisierten Räumen es sich sogleich besser aushalten lässt. Wir befinden uns im größten archäologischen Museum der Insel, dessen Fülle an Exponaten auf zwei Ebenen einen zunächst überwältigt. Mit etwas Mut zur Lücke verspricht die Siesta-Alternative aber einen spannenden Einblick in die Geschichte Korsikas von den 10.000 Jahre alten ersten Besiedlungsspuren über das Bronze- und Eisenzeitalter, die Römerzeit bis zum Ende der Vorherrschaft der Seerepubliken Pisa und Genua.

Die Ausstellungen vereinen die wichtigsten Fundstücke aus südkorsischen Ausgrabungsstätten wie Cauria, Filitosa, Araguina Sennola, Cucuruzzu und Arragiu. Die ältesten menschlichen Spuren im Inselsüden datieren Archäologen auf 8500 v. Chr. Diesen Fischern, Jägern und Sammlern – Seenomaden, die infolge einer Erderwärmung mit Gletscherschmelze und massivem Anstieg des Meeresspiegels zu neuen Orten unterwegs waren – folgten im sechsten Jahrtausend die Pioniere des Ackerbaus. Im fünften verbreitete sich die Viehzucht. Aus dieser Epoche stammen die Steingräber und Dolmen, von denen trotz zahlreicher Zerstörungen noch einige erhalten sind. Die ausdrucksstarken Menhire, von denen es noch mehrere hundert Exemplare gibt, entstanden um 3000 v. Chr. Im ersten vorchristlichen Jahrtausend beherrschten Griechen, Karthager und Etrusker die Insel, die schließlich im ersten Punischen Krieg von den Römern erobert und zusammen mit Sardinien als Provinz ins Römische Reich und in den romanischen Sprachraum integriert wurde. Aus all diesen Epochen präsentiert das Museum in Sartène Exponate: gut ausgeleuchtete Menhire, Pfeilspitzen, Werkzeuge, Keramik, Waffen, Perlen, Geschirr, Amphoren und Kultobjekte, die teils aus den Tiefen des Meeres geborgen wurden. Die abgebildete toskanische Keramik stammt aus dem 16. Jahrhundert.

TIPP

Ebenfalls sehenswerte archäologische Museen mit regionalen Funden gibt es in Aléria und Levie.

● Musée de Préhistoire corse et d'Archéologie de Sartène, Boulevard Jacques Nicolaï, 20100 Sartène, www.isula.corsica/patrimoine/
● ÖPNV : Bus ab Porto-Vecchio, Propriano, Bonifacio, Ajaccio

Des Volkes Glück

24 In Paolis Geburtsort Morosaglia

Hoch erhoben auf einer geschichteten Empore empfängt eine blendendweiße Statue die Besucher am westlichen Ortseingang von Morosaglia. Sie stellt den *Babbu di Patria* dar, den bis heute in Korsika vergötterten „Vater des Vaterlandes“ Pasquale Paoli. Die Inschrift auf dem Sockel berichtet, dieser Mann habe „das Glück seines Volkes“ gewollt, l*e bonheur de son peuple.* Der bedeutendste Volksheld der korsischen Geschichte erblickte vor 300 Jahren mitten im landschaftlichen Idyll der Castagniccia das Licht der Welt. Der Freiheitskämpfer Pasquale Paoli (1725–1807) stammte aus dem etwa 800 Meter hoch liegenden Weiler Stretta des Bergdorfes Morosaglia. Der Mann, der den Korsen eine teil-demokratische Verfassung schenkte, wuchs in einer bourgeoisen Familie auf. Bereits sein Vater Giacinto Paoli war ein einflussreicher Politiker. Ab 1739 lebte die Familie im Exil in Neapel, Pasquale erhielt dort eine umfassende akademische und militärische Ausbildung.

1755 kehrte er in seine Heimat zurück, wo er zum *Général de la Nation Corse* und zum Präsidenten des Staatsrats ernannt wurde. In den 14 Jahren seiner Regierungszeit setzte er enorm viele Reformen um. Er ließ Münzen prägen, vereinheitlichte Maße und Gewichte, förderte Handel und Landwirtschaft, gründete eine Kriegsmarine, modernisierte die Justiz, ließ Sümpfe trockenlegen und führte die Kartoffel als Grundnahrungsmittel ein. Nach dem Sieg Frankreichs folgte 1769 erneut ein Exil, diesmal in England. Eine triumphale Rückkehr erlebte er 1790 als von König Louis XVI. ernannter Kommandant der Insel, das blieb jedoch ein kurzes Intermezzo, denn Louis wurde guillotiniert, Paoli zum Staatsfeind Frankreichs erklärt. Nelson schickte Truppen zu Hilfe, Paoli wurde erst britischer Vize-König und kehrte letztlich resigniert ins Londoner Exil zurück.

Sein Testament galt noch der geliebten Heimat: Er vermachte Korsika eine hohe Summe für Bildungsprojekte. Seine Asche ruht in der Familienkapelle seines Geburtshauses in Morosaglia, das auch ein kleines, aber feines Museum beherbergt.

TIPP

Die 1980 wiederbelebte korsische Flagge, ein Maurenkopf mit weißem Stirnband, geht auf Paoli zurück.

● 20218 Morosaglia mit Musée Pascal Paoli, Hameau de Stretta

A
PASCAL PAOLI
PERE DE LA PATRIE CORSE
LEGISLATEUR ET ORGANISATEUR
SOCIAL · PRECURSEUR ADMIRE
DES NATIONS
AU CHEF
QUI VOULUT LE BONHEUR DE
SON PEUPLE · DANS LA FOI ET

Rote steinerne Pracht

25

In den Calanches rund um Piana

Piana könnte den Sieg in einem Glücksortewettbewerb davontragen. Der auf einem Plateau 300 Meter über dem Golf von Porto liegende Ort wurde in die Liste der schönsten Dörfer Frankreichs aufgenommen, eine Ehre, die auf Korsika nur noch Sant'Antonino in der Balagne errang. Wesentlich zur Schönheit von Piana trägt die Nähe zu den Calanches bei, ein Felsmassiv aus rötlichem Granit, das zum UNESCO-Weltnaturerbe deklariert wurde und wie auch das nahe Naturschutzgebiet Scandola zum Regionalen Naturpark gehört. Kurz vor Sonnenuntergang herrscht viel Verkehr auf der engen Serpentinenstraße zwischen Piana und Porto, weil dann die zerklüfteten Tafoni-Felsen purpurfarben glühen, ein einmaliges Naturschauspiel, das man auch wandernd erleben kann.

Tafone ist keine Gesteinsart, sondern eine Verwitterungsform, durch die Steine von innen durchlöchert werden, ein Phänomen speziell auf Mittelmeerinseln, wo Wetter und Temperatur unberechenbar heftig schwanken. Die runden Aushöhlungen verwandeln mit der Zeit riesige Steinmassen in skurrile Formen, die das menschliche Gehirn als Vogel, Hundekopf, Löwe, Baum und vieles mehr identifiziert.

In dem pittoresken Dorf Piana selbst steht das 1912 errichtete, mit einem Architektur-Label ausgezeichnete Hôtel Les Roches Rouges, das den Charme alter Grand Hotels ausstrahlt und ein angesehenes Restaurant in einem denkmalgeschützten Speisesaal im Belle-Époque-Stil betreibt. Zwölf Kilometer westlich von Piana liegt der schöne Sandstrand Arone. Hier landete 1943 ein U-Boot der FFL-Befreiungsarmee mit den ersten 450 Maschinengewehren für die Partisanen, womit der Kampf gegen die deutschen Besatzer eingeläutet wurde. Vom Parkplatz auf halber Strecke der D824 nach Arone aus startet ein idyllischer Wanderweg zum Capo Rosso und der Tour de Turghju (kein Schatten!). Die D824 trägt den Beinamen Route Danielle Casanova zu Ehren der in Auschwitz ermordeten korsischen Studentin und Résistance-Kämpferin, einer Art französischen Sophie Scholl.

TIPP

Die beste Aussicht auf den Golf von Porto genießt man oberhalb von Piana am Belvédère Saliccio.

- Calanches mit Hotel Les Roches Rouges, Route de Porto, 20115 Piana www.lesrochesrouges.com.
- ÖPNV: Bus Ajaccio–Ota mit Halt in Piana

Eine Diva aus Granit

26

In der Zitadelle von Calvi

Nähert man sich der Hauptstadt der Balagne wie einstige Angreifer von der Meeresbucht aus, versteht man intuitiv, warum die meisten Eroberungsversuche scheiterten und Genua besonders in Calvi sechs Jahrhunderte hindurch die Oberhand behielt. Der helle Granit der Zitadelle leuchtet von einem Felssporn mit dicken Festungsmauern herab und präsentiert sich nicht nur als einschüchternde architektonische Wucht, sondern auch als majestätische Diva. Sie könnte eine kleinere Schwester der Felsenstadt Bonifacio an der korsischen Südspitze sein, an deren Festung als mächtigem Bollwerk ebenfalls viele Eindringlinge mit bösen Absichten abprallten. Entsprechend lautet bis heute der lateinische Wahlspruch über dem Eingangstor, das man passiert, wenn man hinauf zur Zitadelle pilgert: „Civitas Calvi semper fidelis", „Calvis Bürgerschaft treu für immer", gemeint sind die Genueser Herren. Mit der in mehrfacher Hinsicht schwergewichtigen Festung entwickelte sich Calvi zum touristischen Hotspot, daher schlendert man selten allein durch die alten Gassen der Zitadelle, in der immer noch Menschen dauerhaft leben. Fast alles, was es in der alten Genueser-Hochburg zu sehen gibt, befindet sich erhöht innerhalb dieser bis zu 900 Jahre alten Mauern: die Kathedrale Saint-Jean-Baptiste auf dem Felsgipfel, das Oratoire de Saint-Antoine, der Gouverneurspalast (heute Kaserne), das Musée des Arts de la Citadelle de Calvi und die Ruine eines Hauses, in dem Christoph Kolumbus als Kind gewohnt haben könnte.

Am besten beginnen wir unseren eintrittsfreien Spaziergang in aller Frühe, alternativ in der Gluthitze der Siestazeit oder noch besser im Abendlicht gegen 19 oder 20 Uhr, wenn im Städtchen unten die Restaurants öffnen und die Tische sich füllen. Denn dann leert sich das dank hoher Wände überwiegend schattige Viertel, Ruhe kehrt ein, nur noch das entfernte Klackern von Schuhen auf dem Pflaster, einige Küchengeräusche und Hundegebell durchdringen die Stille. Die Zitadelle gehört uns.

TIPP

Neben der großen Zahl an Lokalen in der Unterstadt gibt es einige wenige auch in der Zitadelle.

- Citadelle, Route de la Citadelle, 20260 Calvi
- ÖPNV: Bus ab Calenzara, Porto und Bastia, Haltestelle Calvi Bahnhof oder Place de la Porteuse d'Eau

Arkadische Landschaft

27 Die prähistorische Stätte von Filitosa

Mit unergründlicher Miene blicken sie sturgerade durch uns hindurch. Vergebens bemühen wir uns, ihnen eine Botschaft zu entlocken, jedoch ändert auch minutenlanges Anstarren nichts an der versteinerten Mimik der Bewohner von Filitosa. Ach, könnten sie doch sprechen, diese steinalten Gesichter aus prähistorischer Zeit, was hätten sie zu erzählen von vergangenen Zeiten, Kulturen, Ritualen, Religionen und Kriegen, die sie miterlebten – und überlebten. Kein Gebiet in Europa besitzt so viele und so gut erhaltene Menhire wie Korsika, aufrechtstehende Steinblöcke, in die menschliche Gesichter eingemeißelt wurden, nicht kürzlich, sondern vor 4000 Jahren.

Man begegnet ihnen nördlich von Propriano im Taravo-Tal. Sie stammen aus der dritten Phase des Megalithikums gegen Ende des dritten Jahrtausends. Zu dieser Zeit verpasste man den bis dahin nicht behauenen Wächtern von Dolmen und Steinkisten mit Toten menschliche Züge. Zunächst waren das nur die Umrisse von Köpfen und Schultern, ab 1800 bis etwa 1100 erhielten die Figuren Augen, Nase, Mund und Kinn in unterschiedlich ausgeprägter Ausdruckskraft. Manche Statuen tragen Schwerter oder Dolche, manche sind auf beiden Steinseiten graviert.

Auf Korsika gruben Archäologen Hunderte solcher maskierter Granitsteine aus. Filitosa ist die bedeutendste Fundstelle, weil dort zwei Siedlungsgruppen direkt aufeinanderfolgten und Bauten sowie Werkstücke hinterließen. Das unbekannte Volk der Torreaner eroberte die Megalithiker, zerstörte ihre Kultur und verwendete ihre Menhire als Baumaterial, woraus Fachleute eine gewaltsame Kolonisierung schließen. Um 1000 v. Chr. verschwanden jedoch beide Volksgruppen. Das von April bis Oktober bis Sonnenuntergang begehbare Freigelände von Filitosa bietet eine sowohl anschauliche wie faszinierende Zeitreise in die Frühgeschichte der Mittelmeervölker, die man keinesfalls verpassen sollte.

TIPP

Nach einem Tag in Filitosa locken die nächstgelegenen Strände Plage de Porto Pollo und du Taravu.

● Site préhistorique de Filitosa, D57, 20140 Sollacaro, www.filitosa.fr
Plage de Porto Pollo, Plage du Taravu, 20140 Serra-di-Ferro

Myrte und Macchia-Honig

28 Das tägliche Markttreiben in Ajaccio

Die korsische Art zu kochen unterscheidet sich von der des Festlandes und das nicht nur wegen Pizza und *Stufatu*, einer vom nahen Italien inspirierten Lasagneart. Einen ersten Eindruck köstlicher korsischer Kulinarik kann man sich auf dem täglichen Lebensmittelmarkt des *marché couvert* verschaffen. Gleich beim Betreten der Markthalle an der Place César Campinchi empfangen uns breite Schüsseln mit grünen und schwarzen Oliven. Über den Ständen liegt der lieblich-würzige Duft der handverlesenen Kräuter aus der Macchia, der sich mit dem Aroma der Kaffeerösterei *(torrefacteur)* vermischt. Gewürze wie Thymian, Rosmarin, Basilikum, Lavendel, Myrte, Olivenblätter und Wacholderbeeren geben Fleisch-, Fisch- und Gemüsegerichten und der Nationalsuppe *zuppa corsa* ein köstliches Aroma. Myrte eignet sich auch als Basis für Likör und Konfitüre. Diverse Honigsorten versprechen vielfältige Gaumenfreuden: Der karamellfarbene Frühlingshonig schmeckt herb nach Kakao mit einer Note Lakritz, der Sommerhonig ist von milder Süße, der Herbsthonig ein wenig bitter. Die Einheimischen wissen darüber hinaus lokale Spezifika zu unterscheiden – ob die Bienen ihren Nektar im Désert Les Agriate, auf dem Cap Corse oder in den Bergen gesammelt haben, abgesehen vom Kastanienhonig aus den Wäldern der Castagniccia, wo das Kastanienmehl für Polenta und *gâteau de châtaigne* sowie das Kastanienbier *Pietra* hergestellt wird.

TIPP

An der Place Abbatucci in Bahnhofsnähe verkaufen lokale Produzenten Obst, Gemüse, Fisch und Wurstwaren.

Wurst, Schinken und Fleisch gehören zum traditionellen Speiseplan der Korsen. Für den Markteinkauf sollte man Begriffe wie *Coppa* (in Salz und Wein eingelegter, geräucherter Schweinekamm), *Lonzu* (stark gepfeffertes Schweinefilet), *Prisuttu* (Räucherschinken, den man mit Feigen garniert) und *Figatellu* (grobe Bratwurst) kennen. Die *charcuterie corse* entsteht aus der halbwilden korsischen Schweinerasse, die sich im Winter von Eicheln und Kastanien ernährt und im Sommer von zugefüttertem Getreide. Echtes Wildschweinfleisch *(sanglier)* gibt es auch noch.

● Marché d'Ajaccio, Halle aux Poissons, 7, Boulevard du Roi Jérôme/ Place Campinchi, 20000 Ajaccio
● ÖPNV: Bus 2, Haltestelle Saint-Roch

RESTAURANT
MARCATU D'AIACCIU

Rette sich, wer kann!

29

Im Fjordhafen von Bonifacio

Das „korsische Gibraltar“, die zwölf Kilometer schmale Passage im Tyrrhenischen Meer, die das französische Korsika vom italienischen Sardinien trennt, löste nicht nur Streit und Krieg aus, sondern bildet auch ein dankbares Motiv für Legenden und Abenteuergeschichten. Außerdem lockte der natürliche Hafen von Bonifacio mit seiner 1500 Meter langen, fjordartigen Einfahrt immer schon neugierige Seefahrer an. Auch Kapitäne, die Schiff und Crew vor Sturm und Piraten in Sicherheit bringen wollten, suchten glückliche Rettung in dem windgeschützten Hafen. Nicht immer waren sie willkommen. Im zehnten Gesang von Homers Odyssee erreicht Odysseus einen „bei Seeleuten wohlbekannten Hafen“ mit mächtigen Felsen, deren Beschreibung haargenau auf Gestein und Topografie von Bonifacio zutrifft. Im Epos gehört die fremde Küste den Laistrygonen, menschenfressende Riesen, die sofort beginnen, Odysseus und seine Mannschaft mit riesigen Kalksteinen zu bombardieren.

Heutzutage vertreibt kein Kannibale mehr die exklusiven Yachten, wendigen Segler und wenigen Fischerboote, die an der Schmalseite und an den Flanken der Bucht ankern und sich von Spaziergängern bewundern lassen. Im Hafengebiet herrscht emsige Geschäftigkeit, vor allem an der von Fast-Food-Ständen bis Edel-Fisch-Restaurants dicht bevölkerten Uferpromenade Quai Jérôme Comparetti. Von hier starten die Ausflugsschiffe zu den Hauptattraktionen der korsischen Südspitze unter dem Motto *falaises, calanques, grottes.* Unentwegt im Halbstundentakt eilen Boote aus der Bucht auf die Außenseite der gewaltigen Kalkmasse, die furchterregend nah noch stärker einschüchtert als zuvor vom schönsten Belvédère de la Manichella aus. Andere Exkursionen führen zu den Inseln Lavezzi und Cavallo in der Meerenge. Sie gehören ebenso wie die Steilküsten und die blau-bunten Unterwasserlandschaften zum Naturschutzgebiet Bouches de Bonifacio, dem größten öffentlich zugänglichen Naturschutzgebiet Frankreichs mit einer einmaligen Biodiversität auf 80.000 Hektar Land und Meer.

TIPP

Im Wasserparadies rund um Bonifacio kann man segeln, tauchen, schnorcheln, surfen und natürlich auch baden.

- Hafen, Uferpromenade Quai Jérôme Comparetti, 20169 Bonifacio
  Schiffstouren: www.spmbonifacio.com
- ÖPNV: Petit Train touristique vom Yachthafen zur Oberstadt

Heimat für Mufflons

30 Tierische Begegnungen im Haut-Asco

Je höher hinauf man ins Haut-Asco fährt, desto wahrscheinlicher ist es, Ziegen und Schafen zu begegnen, die man vorsichtig umfahren, aber nicht anfassen sollte, so entzückt man über die Begegnung auch sein mag. Zwar werden heutzutage keine Herden mehr im Oktober ins Tal getrieben – früher überwinterten Schafe in der fruchtbaren Balagne, Ziegen im Désert Les Agriate –, aber speziell auf den Hängen des Haut-Asco weiden zahlreiche Mufflons. In der Paarungszeit im Dezember finden wilde Kämpfe zwischen den Böcken statt, wie Einheimische berichten. Nach Neujahr wandern die Mufflons auf niedriger gelegene Hänge, im Mai und Juni lammen sie. Manchmal kann man aus der Nähe oder mit dem Fernglas das eindrucksvolle Gehörn der Tiere betrachten.

TIPP

Pferde, Esel, Hühner, Ziegen erlebt man auf 22 Hektar im Tier- und Botanikpark Olva nahe Sartène.

Vor allem für das durch exzessive Jagd fast ausgestorbene korsische Bergschaf wurde 1953 ein Naturreservat im Cinto-Massiv ausgewiesen, das sich in Höhenlagen von 800 bis 1200 Metern über eine Fläche von 3510 Hektar ausbreitet. Etwa 500 Mufflons tummeln sich in diesem Gelände, ebenso eine ganze Reihe endemischer Arten, zum Beispiel nistet der Korsische Kleiber im Totholz und der Korsische Salamander flitzt über Stock und Stein. Scharen von gelbschnabeligen Alpendohlen rasen mit schrillen Schreien durch die Luft, Steinadler und Bartgeier sind auf Beutejagd, fünf Fledermausarten surren durch die Nächte. Wer mehr über Flora, Fauna, Mufflons und Bewirtschaftung des Asco-Tals und des Carozzica-Waldes mit Korsischen Schwarzkiefern erfahren möchte, wird im Maison du Mouflon et de la Nature fündig.

Das alpine Klima des Haut-Asco erlaubt bescheidene Wintersportaktivitäten. Die von Gipfeln umgebene Skistation auf 1450 Metern verfügt über zwei Pisten à 600 Meter Länge und eignet sich vor allem für Anfänger und Kinder. Man kann sich die Ausrüstung auch ausleihen. Am beliebtesten sind ohnehin Schneeschuhwanderungen, bei denen man durch die traumhafte weiße Welt des Haut-Asco stapft und die reine Bergluft einsaugt.

- Naturschutzgebiet Le Haut-Asco, D147 bis Skistation, 20276 Asco
- ÖPNV: Bus ab Ponte Leccia nach (Haut-)Asco (im Sommer einmal täglich)

Zentrum des Widerstands

31

Die Klosterruine von Orezza

Im Herzen der Castagniccia liegt die Keimzelle der bis heute schwelenden Unabhängigkeitswünsche der Korsen. Die einst wirtschaftlich blühende und dicht bevölkerte Hügellandschaft südlich von Bastia zählt als abgeschiedener und verträumter Teil des Parc naturel régional de Corse zu den schönsten Wanderregionen der Insel. Die einst reiche Bevölkerung des Castagniccia-Gebietes, dessen Name sich auf die weitläufigen Kastanienwälder bezieht, lebte in mehr als 100 Dörfern und Weilern und zeigte ihren Wohlstand, indem sie zahlreiche barocke Kirchen baute, die bis heute die winzigen Ortschaften überragen.

Dank ihres Erfolgs waren die Mehlproduzenten der Castagniccia selbstbewusste Leute, die sich politisch von den Kolonisatoren befreien und selbst mitbestimmen wollten. Zu den wichtigen Köpfen zählten zum Beispiel die Politiker Vater und Sohn Paoli aus Morosaglia. Versammlungen von antigenuesischen Widerstandskämpfern fanden oft im Franziskanerkloster Couvent d'Orezza bei Piedicroce statt, heute eine efeuüberwucherte Ruine in der Landschaft, in der sich gelegentlich Rinder tummeln. In dessen Räumen deklarierten Ghjacintu Paoli und andere Aufständische 1735 die korsische Unabhängigkeit, nachdem Theologen dort 1731 den Widerstand als *saint et juste*, „heilig und gerecht" abgesegnet hatten. 1790 soll es in dem Kloster zu einem Treffen zwischen Pasquale Paoli und dem noch jungen Napoléon Bonaparte gekommen sein.

TIPP

Besser erhalten ist das Kloster von Alesani in Piazzali, geöffnet zur Prozession am 8. September.

Im 19. Jahrhundert diente das ehemalige Kloster als Gendarmerie und als Munitionslager. Die deutsche Armee sprengte auf ihrem Rückzug 1943 einen Teil der Gebäude und hinterließ verbrannte Erde, seitdem verschmilzt die Klosterruine nach und nach mit der Natur. Auch die berühmte, ursprünglich fünfbogige Golo-Brücke Ponte Novo nordöstlich von Morosaglia wurde vom abrückenden deutschen Militär zerstört. Dort hatte im Mai 1769 die entscheidende Schlacht des korsisch-französischen Kriegs stattgefunden, wodurch die Unabhängigkeit Korsikas beendet wurde.

● Couvent d'Orezza (Ruine), D71, 20229 Piedicroce
● Couvent d'Alesani, 20234 Piazzali

Fortune in der Fremde

32

Château Fantauzzi und pompöse Palazzi

Gold, Silber, Kaffee, Bananen, Zuckerrohr, Baumwolle – Bodenschätze und Anbauprodukte, deren Gewinnung arme korsische Schlucker in Übersee zu unermesslichem Reichtum gelangen ließen. Direkt im Gefolge von Christoph Kolumbus um 1500 und noch bis 1939 schifften sich junge, unverheiratete Korsen, die auf ihrer Insel keine Zukunft sahen, in Genua, Marseille oder Bordeaux nach Nord-, Mittel- und Südamerika ein, wo sie hofften, ihr Glück zu finden. Etwa 3700 Abenteurer, die meisten aus Cap-Corse-Dörfern, verschlug es allein in der ersten Hälfte des 19. Jahrhunderts nach Puerto Rico und Venezuela, wo manche tatsächlich Fortune machten. Alle plagte das Heimweh, alle kündigten ihren Lieben in sehnsüchtigen Briefen ihre baldige Rückkehr an – wenn erst die Schulden abbezahlt, die Geschäfte abgewickelt, die Kinder versorgt wären. Alle wussten, dass sie nicht mit leeren Händen heimkommen durften, was letztlich nur jedem zehnten Auswanderer gelang.

TIPP

Von der weißen Kirche in Rogliano vor Weißen Maulbeerbäumen hat man eine herrliche Aussicht.

Diese erfolgreichen Americani spendeten große Summen für den Erhalt von Barockkirchen in ihren Herkunftsdörfern. Sie erwarben städtische Domizile in Genua und Paris. Und sie bauten repräsentative Herrenhäuser, in die sie mit ihren Familien samt Hausmädchen, Köchin, Gärtner, Kutscher, manchmal auch Hauslehrer einzogen. Etwa 150 dieser Palazzi di l'Americani entstanden auf der Halbinsel Cap Corse, heute teils verfallen, teils hervorragend saniert und gepflegt. Manche Nachkommen oder Käufer eines solchen Familienbesitzes finanzieren ihren enormen Budgetbedarf im Sommer mit Hotelbetrieb und Chambres d'hôtes. Dazu gehört auch das idyllisch hinter dem kleinen Hafen liegende Hôtel-Restaurant Le Vieux Moulin in Centuri. Einige weitere Beispiele für eine nostalgische Villen-Such-Tour auf den Spuren der amerikanischen Glücksritter auf Cap Corse: Villa Gaspari-Ramelli in Sisco; heutige *mairie* und Poststation in Rogliano; Palazzu Nicrosi (Hotel) in Rogliano-Vignale; Château Stoppielle in Centuri-Cannelle; Château Fantauzzi in Morsiglia-Pecorile (Foto).

- Château Fantauzzi, 20238 Morsiglia-Pecorile
- Le vieux moulin, 20238 Centuri
- Palazzu Nicrosi, Vignale und Mairie/La Poste, 20247 Rogliano

Höhenglück mit Hindernissen

33

Auf der Stichstraße gen Monte Rotondo

Die gebirgigste Insel des Mittelmeers mit einem Massiv, dessen zweithöchster Gipfel der 2622 Meter hohe Monte Rotondo ist, bietet derart grandiose Naturerlebnisse, dass man manchmal vergisst, die bewundernswerte Ingenieurkunst der in die Felsen gehauenen Passstraßen zu würdigen. Wer als Flachländer schon mal das dumpfe Gefühl verspürte, das eigene Auto, *eigentlich* von bescheidenen Ausmaßen, könne im nächsten Augenblick mitsamt Insassen durch eine unbedachte Lenkbewegung in die Tiefe stürzen, empfindet umso glücklichere Erleichterung, heil aus dem Abenteuer herauszukommen. Und doch kitzelt der Reiz, zieht es viele Autofahrer immer wieder auf die Höhen, sei es, um dort Spaziergänge und Wanderungen zu unternehmen, in Schluchten hinabzusteigen, zu fotografieren oder sei es nur, um durchzuatmen und die Schönheit der Berge zu bewundern.

TIPP

Rechtzeitig tanken! Station d'essence und bancomat findet man nur in größeren Ortschaften.

So manche der vielbefahrenen Passstraßen, zum Beispiel die Scala di Santa Regina (D84) und die Auffahrt zum Haut-Asco (D147), ist recht gut mit Schutzbegrenzungen und Warnschildern gegen Steinschlag abgesichert. Etwas gewagter und für Wohnmobile nicht zu empfehlen schlängelt sich die acht Kilometer lange Stichstraße vom Pont du Vecchio bei Vivario durch den Cervellu-Wald zur Bergerie de Gialghello (D723) empor. Vom Ende der Sackgasse aus führt eine mittelleichte Wanderroute (blau, 9,3 Kilometer) zum Monte Rotondo, vorbei am Refuge de Pietra-Piana auf 1842 Höhenmetern und am Orientesee (2061 Meter). Oben erwartet die Wanderer eine Biwakhütte.

Wer Lust hat, das monumentale Drei-Brücken-Gespann über den Vecchio – den alten Pont du Vecchio über dem Wasserspiegel und hoch oben das gebogene Straßenviadukt und die berühmte Eiffel-Brücke – aus der Vogelperspektive zu betrachten, sollte ein paar hundert Meter zu Fuß auf der D723 durch den Cervellu-Wald bergauf gehen. Bei der Gelegenheit entdeckt man rechter Hand die eindrucksvollen alten Böschungsmauern, welche die Panorama-Zugstrecke zwischen Corte und Vizzavona absichern (Foto).

- Pont du Vecchio, Kreuzung T20/D723, 20219 Vivario
- ÖPNV: Bahn Bastia–Ajaccio, Haltestelle Vivario (3,3 Kilometer Fußweg)

55

Patriotische Opfer

34 An der lauschigen Place Gaffory in Corte

Die heimelige und meist schattige Place Gaffory in der *ville haute,* der Oberstadt von Corte, erreicht man über Treppen und eine sehr steile Gasse von der Place Paoli aus, die von winzigen Boutiquen und mehreren Lokalen gesäumt wird. Auch der kleine, ein paar Meter von der crèmefarbenen Verkündigungskirche (Èglise de l'Annonciation) entfernte Platz selbst ist umringt von Cafés und Restaurants. Kreuz und quer, auf Stufen und Pflaster stehen Stühle und Tische und behindern Passanten, was aber weder diese noch die fröhlich Tafelnden zu stören scheint. Manchmal steigert eine Musikgruppe das lauschige Ambiente mit korsischen Gesängen. Mittendrin im Trubel, als wäre es nicht schon eng genug, steht wie einer verlorenen planerischen Wette entsprungen ein umzäuntes Denkmal mit der Figur eines Herrn in schenkelhohen Stiefeln, der gebieterisch mit seiner rechten Hand auf ein imaginäres Ziel zeigt. Jetzt fällt uns auf, dass die ohnehin marode Gebäudefassade hinter der Figur von Einschusslöchern übersät ist. Was hat es damit auf sich?

Es handelt sich nicht, wie man annehmen könnte, um Widerstandskämpfer Pasquale Paoli, den verehrten „Vater des Vaterlandes" *(U babbu di a patria),* der 1755 eine *nation corse* ausrief. Zuvor kämpfte Paoli gegen Genua an der Seite von General Gian Pietro Gaffory, dem dieses Denkmal gilt. Gaffory war 1743 und 1752 von einer Volksdelegation im Kloster Orezza zum *prottetore de la patria* und nominellen Oberhaupt gewählt worden. Während der Kämpfe von 1750 wurde sein Privathaus getroffen, wovon heute noch die Löcher zeugen. Sein zweijähriger Sohn wurde von Genuesen entführt und auf der Wehrmauer den Gewehren der korsischen Gegner ausgeliefert. Die Legende und ein Relief am Sockel des Denkmals berichten, dass seine Frau Faustina Gaffory beherzt den zögernden korsischen Soldaten zurief: „Schießt! Denkt nicht an meinen Sohn, sondern an das Vaterland." Tatsächlich überlebte der Junge den Kugelhagel, und die Zitadelle von Corte wurde befreit. General Gaffory wurde 1753 von der Vendetta ermordet, Paoli sein Nachfolger.

TIPP

In der Schokoladen-Pâtisserie gegenüber vom Denkmal kann man süße Gaumenfreuden erwerben.

Denkmal zu Ehren von Gian Pietro Gaffory und Pâtissier Chocolatier Chez Marie et Jean-Luc, Place Gaffory, 20250 Corte

Große Überquerung

35 Auf dem GT20 die Insel erradeln

Das Glück der Erde liegt nicht nur auf dem Rücken der Pferde, genauso glücklich macht es, wenn einem auf dem Mountainbike, Rennrad, Touren- oder Elektrorad eine warme Brise um die Nase weht. Erfahrene Radler empfehlen für Fahrten über Stock und Stein der viertgrößten Mittelmeerinsel ausschließlich Mountainbikes oder Tourenräder, die eine Kettenschaltung mit Bergübersetzung haben. Hauptsache robust. Seit 2019 besitzt Korsika eine Alternative zum Wandertrail GR20, der *Grande Randonnée*. Der GT20, die *Grande Traversée*, große Überquerung, schlägt Radlern eine 600 Kilometer lange Strecke quer durch die Insel vor, die man in zwölf Etappen bewältigen und dabei alle Facetten der abwechslungsreichen Landschaft mit alpinen Bergen und langen Sandstränden kennenlernen kann. Natürlich gibt es auch Varianten. Die GT20-Empfehlungen berücksichtigen einerseits den Wunsch von Rennfahrern nach sportlichen Herausforderungen auf Asphalt. Andererseits soll auch das Bedürfnis derjenigen bedacht werden, die es gemütlicher angehen lassen und sich nach Stille abseits von Motorradgeknatter und nach reiner Luft ohne Abgase auf (schottrigen) Nebenwegen sehnen. Die Hauptstrecke startet in Bastia, umrundet Cap Corse, geleitet dann an der Westküste entlang bis Porto, um schließlich vorbei an schneebedeckten Gipfeln über Corte, Ghisoni, Alta Rocca und Zonza nach Bonifacio zu führen.

Der Radtourismus scheint auf Korsika also angekommen zu sein, wobei manches durchaus verbessert werden kann, denkt man an die Mitnahme von Rädern in der korsischen Eisenbahn – das klappt fast nie. Auch bleibt es nach wie vor außer für Auto- und Wohnmobilreisende kompliziert, eigene Drahtesel von zu Hause mitzunehmen. Air Corsica transportiert immerhin Räder ohne Elektrik. An Verleihstationen mangelt es zwar nicht mehr, aber in der Hauptsaison kommt es schon mal vor, dass die Maße des gebuchten Gefährts nicht unbedingt zur Statur des Mieters passen.

TIPP

In den Bergen gibt es extreme Höhenunterschiede bis 1800 Meter und Gefälle bis 16 Prozent.

● Grande Traversée 20, www.gt20-velo.corsica, Start : Place François Mattei, 20200 Bastia
Leihräder: www.europe-active.com, www.appebike.com

Nadeln aus Granit

36

Am Gebirgspass Col de Bavella

Vier Wege führen in den Himmel von Korsika, in das beliebteste Wandergebiet mit leichten und schweren Strecken, zünftigen Bergdörfern und unendlich erscheinenden Wäldern. Entweder man nähert sich dem Bavella-Pass von Südwesten, von Sartène oder Propriano kommend, oder man wählt den zwar kürzeren, aber stark serpentinenhaften Weg von Solenzara an der Ostküste aus. In beiden Fällen führt die D268 zum Col de Bavella. Eine gemütliche Fahrt erlebt man von Porto-Vecchio aus (D368) durch den Wald von L'Ospédale, vorbei am großen Barrage de L'Ospédale. Etwa 3,5 Kilometer oberhalb dieses Stausees führt ein leichter Wanderweg zum Piscia di Gallo, dem Hahnenpiss, einem gut 60 Meter gerade herabstürzenden Wasserfall, den man in einer Wegstunde erreicht. Allerdings ist der Trip bei Strandurlaubern aus Porto-Vecchio als Halbtagesausflug in die Berge beliebt, man bleibt also nicht allein. Die vierte Anfahrtsmöglichkeit zum Bavella-Pass ist etwas für Auto- oder Zweiradfahrer, die in den Ferien keine Uhr tragen, die sich alle Zeit der Welt gönnen, die gern öfter mal anhalten, einen Kaffee trinken und die Landschaft bewundern. Man schlängelt sich über die teils sehr schmalen, manchmal sogar schottrigen Sträßchen mehr oder weniger zufällig entweder durch Loreto-di-Tallano, Aullène, Quenza (D69) oder durch Saint-Lucie-de-Tallano (D420), Zoza, Quenza, am Ende immer durch die letzte Versorgungsstation Zonza vor dem Gipfel. Herrlich, kein Tourist weit und breit!

TIPP

Im Cocoon Village (www.glampingcorsica.com) im Wald von L'Ospédale schläft man schwebend in Glaszelten.

Die spitzen, zu märchenhaften Figuren erodierten sieben Bavella-Granitnadeln überragen den 1218 Meter hohen gleichnamigen Pass am Fernwanderweg GR20. Dort angekommen, überrascht der vor allem sonntags überbelegte Parkplatz, wenn Korsen gern ihren Familienausflug zu einem der beiden Pass-Restaurants unternehmen. Die Marienstatue Notre-Dame-de-la-Neige hat viel zu tun, glaubt man den vielen versteckten Schnipseln, Textilfetzen und Kerzen auf dem Steinhaufen zu ihren Füßen. Sie schützt die Menschen im Gebirge und erfüllt Wünsche.

- Col de Bavella, 20124 Zonza
- ÖPNV: Bus ab Zonza zum Pass (Juli/August)

DI BAVEDDA
1218

Ein Klan erobert Europa

37

Im Familienhaus der Bonapartes in Ajaccio

Napoleons Geburtshaus in der Rue Saint-Charles ist ein verwinkeltes Stadtpalais mit Porträts, Mobiliar, Originaltapeten, Kinderzimmer, Totenmaske und Erinnerungsstücken des berühmtesten Korsen aller Zeiten. Während man auf Einlass wartet, fällt der Blick auf die umzäunte Place Letizia gegenüber, ein idyllischer Palmen- und Orangenhain, in dessen Mitte eine Kinderbüste des *Roi de Rome* steht, des einzigen legitimen Sohns Napoleons mit Marie-Luise von Österreich. Der Kaiser wurde an Mariä Himmelfahrt 1769 im Familienhaus der Bonapartes geboren, für manche ein Glücksdatum symbolischer Bedeutung, denn die Jungfrau Maria ist die Schutzpatronin Korsikas. Eines der außergewöhnlichen Exponate des Museums ist ein aus Echthaar geflochtener Stammbaum der Bonapartes, verziert mit Adlern, Vögeln und Schmetterlingen.

TIPP

Nebenan das Café Casa Buonaparte hat skurrile Sammelstücke wie Napoleon lebensgroß in Bronze.

Die Hälfte des Hauses in der schmalen Gasse erhielt Guiseppe Buonaparte 1682 als Mitgift seiner Braut Maria de Bozzi, die andere Hälfte errang der stetig wachsende Familienklan erst 1796. Zu diesem Zeitpunkt war Napoleons Vater, der Jurist Carlo Maria Buonaparte bereits 38-jährig kurz nach der Geburt des achten Kindes Jérôme an Magenkrebs gestorben. Der Mann genoss hohes Ansehen, obwohl oder weil er in seiner Jugend den Widerstandskämpfer Pasquale Paoli unterstützt und an dessen Verfassung für ein freies Korsika mitgearbeitet hatte. 1769 schlug er sich aber nach anfänglichem Widerstand auf die Seite der französischen Sieger. Dank seiner Freundschaft mit dem Gouverneur Graf Marbeuf, der üblen Gerüchten zufolge mit Letizia ein Verhältnis gehabt haben und Vater einiger Bonaparte-Kinder sein soll, konnte die Familie Napoleon eine Militärlaufbahn ermöglichen, ohne die die europäische Geschichte anders verlaufen wäre. Der Sohn ließ kein gutes Haar am Vater – er sei verschwenderisch, aristokratenfreundlich und vergnügungssüchtig gewesen. Letizia überlebte ihren Mann um ein halbes Jahrhundert, Napoleon starb 51-jährig ebenfalls an einem Magengeschwür.

● Maison Bonaparte, Rue Saint-Charles, 2000 Ajaccio
www.musee-maisonbonaparte.fr
● ÖPNV: Bus 1, 2, 3, Haltestelle Place de Gaulle oder Cathédrale

MAISON DE NAPOLÉON
maison Bonaparte
B
MUSÉE NATIONAL

Blütenpracht am Meer

38

Im Parc de Saleccia bei L'Île-Rousse

Eine Explosion der Farben und Düfte erwartet uns im Mai und Juni im einzigen botanischen Garten Korsikas, ein 2005 in Privatinitiative eröffneter Landschaftspark vor Meereskulisse. Der Parc de Saleccia nahe L'Île-Rousse in der Balagne stellt für sich genommen eine Insel der Schönheit dar, auch wenn er im Hochsommer nach der Hauptblütezeit, wenn die meisten Touristen kommen, nur einen Teil seines romantischen Ambientes entfaltet. Allerdings ist die Blütenpracht der Oleanderbüsche, die im Juli ihren Höhepunkt erreicht, einen Besuch wert.

Zum Glück für Mensch und Natur gelang es dem Landschaftsgestalter und Gartenbauarchitekten Bruno Démoustier trotz der Schäden, die 1974 ein Großbrand auf einem Hundert-Hektar-Gelände mit Olivenhain, Weinbergen, Weiden und Macchia angerichtet hatte, innerhalb von 20 Jahren Schwerstarbeit ein sieben Hektar großes Gebiet abzuteilen und das heutige grüne Paradies zu erschaffen. Die Flora Korsikas ist ganz besonders reichhaltig, 2465 Pflanzenarten sind erforscht, darunter 130 endemische Arten. Das streng durchstrukturierte Gelände ist ein Abbild der mittelmeerischen Vegetation und dient der Erholung, aber auch der Weiterbildung mit 29 Schautafeln an den Haupt- und Themenwegen. Anders als botanische Gärten in unseren Breitengraden gibt es in diesem Park keine Gewächshäuser, denn alle Pflanzen, auch die aus anderen Kontinenten, wachsen ebenfalls in „mediterranem" Klima in Chile, Kalifornien und Südafrika. Sie alle erleben hier trockene und heiße Sommer, milde und feuchte Winter sowie geringe Niederschlagsmengen. Die Mikroregion der Balagne verbucht 2500 Sonnenstunden, ist aber auch den stärksten Winden, gelegentlich Unwettern ausgesetzt. Ein Büchlein der Parkbetreiber listet alle Pflanzen des Parks auf und beschreibt viele näher, darunter Oleaster, der Vorfahre des Olivenbaums, Zypresse, Weißer Maulbeerbaum, Feigen-, Mandel-, Erdbeerbaum, Zistrose, Mastixstrauch, Rosmarin, Myrte, Lavendel, Wildrose, Wolfsmilch und Currykraut.

TIPP

Familienglück: Eselreiten, Ziegen, Hühner, Enten, Bienen, Volière, Ateliers, Picknick, Laden, Restaurant.

- Parc de Saleccia, Saleccia, Route de Bastia T30, 20220 L'Île-Rousse
www.parc-saleccia.fr
- ÖPNV: Bus 1 Corbara–Losari, Haltestelle Parc de Saleccia

Altes Gemäuer und Gerät

39 Das Museum in der Zitadelle von Corte

Wer den „Adlerhorst", den höchsten Punkt der Zitadelle in der in steilen Stufen angelegten Stadt Corte erklimmen möchte, sollte nicht nur gut zu Fuß sein, sondern auch Zeit mitbringen für einen Besuch des Musée de la Corse, durch das man auf die Festungsanlagen gelangt. Wer nur einen atemberaubenden Blick auf die tief unten liegenden Täler werfen möchte, wo der Nebenfluss Restonica in den 89 Kilometer langen Tavignano mündet, kann seitlich an der Zitadellenmauer entlang auf den Belvédère steigen. Ein Gang durch das dreistöckige Museum und das verschachtelte Gelände der gewaltigen Festung gestaltet sich erlebnisreich gerade auch für Familien. Denn das 1997 eröffnete Museum, das einen ethnologischen Schwerpunkt auf die Geschichte Korsikas setzt, begibt sich im Rahmen der Dauer- und Saisonausstellungen auf die Blickhöhe von Kindern und kümmert sich ausdrücklich um deren Animation und Unterhaltung. Vor allem aber beginnt für die jüngsten Besucher nach Verlassen des von dem Turiner Architekten Andrea Bruno genial in die alten Kasernengemäuer eingepassten Glaskastens ein vielleicht aufregendes, aber ungefährliches Abenteuer.

TIPP
Empfehlenswert ist ein Audioguide, denn es gibt nur französische und korsische Beschriftungen.

Über unregelmäßig gemeißelte Steinstufen und Terrassen, durch helle Gänge und dunkle Tunnel gelangt man in die Ruinen des ältesten Teils der Zitadelle aus dem 15. Jahrhundert und über einen fast freien, von uralten Bauresten gesäumten Platz. Plötzlich steht da ein Feigenbaum mitten in einer Ruine, der sich durch das Pflaster nach oben gedrückt hat. Teils vergitterte, teils offene Schießscharten in niedriger Position bieten den Kleinen Ausblicke, die ihre Eltern einen Meter höher auf Augenhöhe auch bequem haben.
In seiner Dauerausstellung widmet sich das Museum der Agrargeschichte Korsikas. Mit 3000 Exponaten – Kleidung und Alltagsgegenstände aus Landwirtschaft und Bergerien – sowie 64 Notizheften besitzt das Museum die außergewöhnliche Sammlung des Priesters und naturwissenschaftlichen Lehrers Louis Doazan (1925–2018).

- Musée de la Corse, Citadelle, Place d'Armes (Place du Poilu), 20250 Corte
www.museudiacorsica.corsica
- ÖPNV: Petit Train ab Gare, Haltestelle Zitadelle

Beten im Asyl

40 Die Hügelkirchen von Cargèse

Auf zwei Hügeln stehen sie sich gegenüber, nur 100 Meter Luftlinie durch ein kleines Tal mit Palmengärten getrennt, und blicken sich frontal an wie zwei alte Freundinnen, die ihre Zwiste beendet haben und sich nun in friedvoller Koexistenz miteinander arrangieren. Denn heutzutage werden sie abwechselnd vom selben Priester aus Piana betreut. Mal liest er eine römisch-katholische Messe in der neobarocken *église latine* (toller Ausblick vom Vorplatz), mal predigt er auf griechisch-orthodoxe Weise in der *église grecque*, die mit alten, wertvollen Ikonen und restaurierten Fresken ausgestattet ist. Eine einzige bunte Pracht!

Cargèse ist ein sympathischer 1200-Seelen-Ort, der den Golfe de Sagone im Norden mit einer pittoresken Marina abschließt. Das Dorf ist bei Fernwanderern beliebt, denn hier starten die Wege Mare a Mare Nord (120 Kilometer) nach Moriani Plage an der Ostküste und Mare e Monti Nord (etwa 80 Kilometer) nach Calenzara in der Balagne. Die beiden großen Kirchenbauten entstanden auf dem Hintergrund einer besonderen Flüchtlingsgeschichte: Im Jahr 1676 erteilten die Genuesen griechischen Familien vom südlichen Peloponnes Asyl, die aus dem Osmanischen Reich geflohen waren. Mehr als 700 Menschen bauten sich in Paomia nordöstlich des heutigen Cargèse eine neue Existenz auf, ihr Dorf wurde allerdings 1731 im korsischen Unabhängigkeitskrieg zerstört, die Bewohner nach Ajaccio vertrieben. Der Grund: Sie wollten nicht mit den Korsen gegen ihre genuesischen Wohltäter kämpfen. Nachdem Genua die korsische Kolonie 1768 an Frankreich verkauft hatte, entschädigte Gouverneur Graf Marbeuf die rückkehrwilligen griechischen Nachfahren mit 120 neuen Häusern in Cargèse. Später vermischte sich die Bevölkerung vor allem durch Ehen mit römisch-katholischen Korsen – so entstand der Wunsch nach einer zweiten Kirche. Partnerstadt des Ortes ist übrigens die in einer Felslandschaft ebenso malerisch gelegene einstige griechische Heimatstadt Itilo auf dem Peloponnes. Ende gut, alles gut.

TIPP

Herrliche Strände nahe Cargèse: Plage de Pero, de Chiuni, de Ménasina, de Stagnoli.

- Église latine, Chemin du Port, und Église grecque, Rue du Père Chappet, 20130 Cargèse
- ÖPNV: Bus Ajaccio–Ota mit Halt in Cargèse (im Sommer zweimal täglich, im Winter einmal)

Auf 187 Stufen in die Tiefe

41

Die Treppe des Königs von Aragón in Bonifacio

Bonifacio genießt eine militärstrategisch hochinteressante Position im Mittelmeer, weshalb die Südspitze Korsikas immer wieder zum Spielball diverser Mächte wurde. Die Bewohner bezahlten das Glück ihrer exklusiven Wohnlage im Verlauf zahlreicher kriegerischer Auseinandersetzungen quer durch die Jahrhunderte oft teuer, häufig mit dem Leben. Erst die Genuesen befestigten und schützten Bonifacio professionell. Sie rangen dem Felsen die Bastion oberhalb der Porte de Gênes ab, durch die man auch heute fußläufig zur *ville haute* gelangt. Sie errichteten eine 2,5 Kilometer lange, acht Meter hohe Wehrmauer mit Wachtürmen, von denen heute nur noch der nach originalem Vorbild rekonstruierte runde Torrione von 1484 mit einer Aussichtsterrasse steht (100 Stufen).

TIPP

Das beste Eis, fettarm und überwiegend glutenfrei, gibt es bei Rocca Serra in der Oberstadt.

1420 belagerten aragonesische Truppen Bonifacio fünf Monate lang und versuchten, den Ort auszuhungern. Vergeblich. Der Legende nach in dieser Zeit, wahrscheinlich aber schon früher, entstand die berühmte Treppe Escalier du Roi d'Aragon, ein 187 Stufen in die Tiefe führender Felszugang zu einem versteckten Süßwasserbrunnen. Vermutlich hatten die cleveren *Bonifaciens* selbst diesen lebensrettenden Weg in den Stein gemeißelt, nicht die Invasoren, wie der Name suggeriert. Wer bereit ist, für die Anstrengung zu zahlen, festes Schuhwerk trägt (Kontrollen) und sich den steilen Wiederaufstieg zutraut, den erwartet ein höchst befriedigendes und spaßiges Highlight. Unten geleitet ein schmaler Pfad dicht über dem Meeresspiegel bis zum Eingang einer Grotte.

Und wie ging die Kriegsgeschichte weiter? 1553 richteten türkische Piraten in Diensten Frankreichs ein fürchterliches Massaker an. Dabei hatte Bonifacio während der Pestepidemie von 1528 bereits mehr als 4000 Tote (von 5000 Einwohnern) zu beklagen. Genua und Frankreich liefern sich weitere 200 Jahre lang Gefechte. 1769 kehrte mit dem Inselkauf durch Frankreich Ruhe in Bonifacio ein.

- Escalier du Roi d'Aragon, Rue des Pachas, 20169 Bonifacio
- ÖPNV: Petit Train ab Hafen

Seilrutsche über den Canyon

42

Abenteuer und Honig in der Vallée d'Asco

Das Asco-Tal und der 34 Kilometer lange Asco-Fluss, der unterhalb des mit 2556 Metern dritthöchsten korsischen Gipfels Punta Minuta entspringt, bis kurz vor Asco Stranciacone heißt und bei Ponte Leccia in den Golo mündet, gehört zu den Topzielen eines Korsika-Urlaubs. Das Tal bietet eine vielseitige Landschaft mit drei verschiedenen Gesichtern: Haut-Asco ist ein alpines Hochtal mit dem Schmelzwasser fassenden reißenden Gebirgsfluss Stranciacone, einem Mufflon-Reservat und Wintersportangeboten. Im mittleren Teil zwischen Moltifao und Asco-Dorf, das für seinen außergewöhnlichen Wacholderhonig berühmt ist und wo sich eine restaurierte Genueserbrücke mit Badegumpe befindet, zieht sich über 15 Kilometer die wilde Asco-Schlucht mit hohen Granitwänden bergan. Der Unterlauf des Asco führt durch ein ebenes Schwemmland mit Macchiabewuchs.

Kurz vor Asco befindet sich der Einstieg in den größten Abenteuerpark der Insel, der sieben Parcours unterschiedlicher Schwierigkeitsgrade für verschiedene Altersgruppen (Kinder ab 1,10 Meter Körpergröße) anbietet. Dazu gehören diverse *Via ferrata,* wörtlich Eiserner Pfad, also Klettersteige auf Granit- und Schieferfelsen. Eine besondere Attraktion stellen die *Tyroliennes géantes* dar, Riesenseilrutschen, auf denen man schwindelerregend lange Strecken über Canyons gleiten kann. Mehr als zwei Drittel der Insel besteht aus Bergland und ist daher ein Eldorado für Hochgebirgswanderer. Im Unterschied zu den diversen Abenteuerparks und *Accrobranches*-Angeboten in korsischen Wäldern gibt es hier eine Anzahl von Hochseilgärten für anspruchsvolle Kletterfans. Man überquert Schluchten über schwankende Brücken, klettert an Seilnetzen und Eisenleitern hoch, balanciert über schwebende Balken und Himalayabrücken. Gesteigerter Nervenkitzel durch organisierte Abenteuer ist auch im benachbarten Restonica-Tal und im Bavella-Massiv zu finden.

TIPP

Im kleinen Restaurant de la Miellerie in Asco serviert ein Imkerpaar Crêpes und ganze Honig-Menus.

● Parc Asco Vallée Aventure, 20276 Moltifao (ca. 6 Kilometer vor Asco)
https://aventureparc.corsica, www.interracorsa.com

Lost Place mit Kirche

43 Aufstieg ins Ruinendorf Village d'Occi

Der letzte Einwohner des weit oben in der Macchia über der Bucht von Calvi liegenden Dorfes Occi starb Anfang des 20. Jahrhunderts, seitdem verfallen die verwaisten 20 Häuser der Siedlung. An den selbst mit jüngeren Kindern gut zu bewältigenden Aufstieg zu dem verlassenen Dorf wird man sich lange erinnern, allein schon des überwältigenden Panoramablicks wegen. Und diese laute Stille! Man meint, das Hämmern von Werkzeugen, das Klopfen von Dreschflegeln, das Bellen von Hunden zu hören. Dabei huscht nur ein leichter Wind durch die maroden Mauern und erzählt vom einstigen Leben in der Siedlung, zu der nie eine Straße führte und die bis heute nur auf schmalen Pfaden erreichbar ist. Nicht eingebildet ist das Geräusch der Glocke, die frei in dem Kirchturm hängt und gelegentlich läutet, denn das Gotteshaus wurde als einziges Gebäude vor dem Verfall bewahrt. Einmal im Jahr, am Pfingstsamstag, erwacht Occi zum Leben, dann ruft die Glocke zur Messe und die Figur des Dorfheiligen wird in einer Prozession durch die Ruinen getragen. Danach gibt es eine kleine Verköstigung.

Zwei Wege führen nach Occi, entweder man nimmt von der D71 die Zufahrt zum Camping Le Panoramic und steigt etwa 45 Minuten über den Chemin d'Occi hinauf. Oder man wählt den Weg vom Hôtel A Casa di Mà im Bergdörfchen Lumio aus (Parkplatz neben dem Hotel A Casa di Mà). Es bietet sich an, von Occi zum Gipfel des 563 Meter hohen Capu D'Occi weiterzugehen. Von dort eröffnet sich zusätzlich ein Rundumblick über die westliche Balagne und die Berge.

Occi ist keineswegs das einzige aufgegebene Dorf der Insel. Der leidenschaftliche Korsika-Reisende Martin Lendi erwanderte weitere Ruinenweiler und stellt sie auf seinem Blog Paradisu vor. Er nennt Muna im Hinterland von Sagone; Caracu, Imiza, Marsogna, Salge und Linaghje auf Cap Corse; Giustiniani bei Speloncato; Fiuminale bei Venaco; Tassu bei Evisa; A Chjava oberhalb des Golfes von Valinco; Pruna östlich von Porto-Vecchio; Raghja an der Ostküste unweit Plage Moriani.

TIPP

Starmodel und Schauspielerin Laetitia Casta stammt väterlicherseits aus Lumio, wo man sie entdeckte.

- Village abandonné d'Occi, Chemin d'Occi, D71, 20260 Lumio
- ÖPNV: Bahn Calvi–L'Île-Rousse, Strandhalt Ghorghju (2,5 Kilometer Fußweg bis Lumio)

CHANTIER
INTERDIT AU
PUBLIC
INTERDIT AU PUBLIC

Im Schatten der Vendetta

44

Die geheimnisvolle Altstadt von Sartène

Manche Städte in Europa versuchen, mit nächtlichen Führungen in Katakomben und Schlossverliesen, mit schaurig-schönen Geschichten von Hexen und Henkern die Gunst von Touristen zu gewinnen. Das hat das südkorsische Sartène nicht nötig. In die labyrinthischen Gassen des ältesten Viertels Pitraghju-Manighedda dringt selten ein Sonnenstrahl. Die granitgrauen Häuser und die abgedunkelten Hinterhofpassagen vermitteln ein Gefühl von Düsternis und Geheimnis. Tatsächlich bedarf es keiner kriminellen Fantasie, um das Gänsehaut-Feeling dieses 3400-Seelen-Ortes zu entschlüsseln, denn seine reale Geschichte bietet genügend Stoff, um zu verstehen, warum dies kein „normales" pittoreskes Fremdenverkehrsziel ist.

Der französische Dichter Prosper Mérimée, der Korsika 1839 bereiste und mit der Novelle „Colomba" einer besonders unbarmherzigen Fanatikerin der Blutrache ein Denkmal setzte, bezeichnete Sartène als „korsischste aller korsischen Städte". Das gilt vielleicht bis heute, weil hier die Zeit stehen geblieben zu sein scheint. Der zweifelhafte Ruf, der Sartène als korsische Hochburg der Vendetta im 18./19. Jahrhundert ausweist und sein Image bis heute prägt, ist berechtigt. Seit dem 13. Jahrhundert herrschte die Familie della Rocca im Sartenais, nach 300 Jahren abgesetzt von den Genuesen, denen Sartène die Zitadelle verdankt. Es folgten zahlreiche Belagerungen durch Seeräuber, den berühmten Freiheitskämpfer Sampiero Corso und diverse Aufständische. Als Korsika 1768 endgültig von Frankreich erworben wurde, hätten die Bürger auf Frieden hoffen können, nun aber ermordeten sich die verfeindeten Klans im Namen einer für außenstehende Beobachter schwer verständlichen Familienehre gegenseitig. Sartène, wo zeitweise fast nur noch Witwen und Waisen lebten, war der blutigste Schauplatz der Vendetta. Deshalb spielen bis heute französische Mafiakrimis nicht nur im Moloch Marseille, sondern auch in einer südkorsischen Kleinstadt in idyllischer Lage mit Ausblick über den Golf von Valinco.

TIPP

Im Hügeldorf Fozzano wütete die Vendetta besonders schlimm, dort lebte die echte Colomba Bartoli.

- Altstadtviertel Pitraghju-Manighedda, nördlich der Place Porta (offiziell Place de la Libération), 20100 Sartène
- ÖPNV: Bus ab Propriano, Bonifacio, Porto Vecchio, Ajaccio

Mal stürmisch, mal brav

45

Die wilden Strände der Balagne

Das an- und abschwellende Rauschen der Brandung ist schon vom Parkplatz aus zu hören. Die letzte Nacht war stürmisch, schwerer Regen stürzte auf Wege, Terrassen, Häuser nieder, Windstärke Stufe sechs, zwischendurch Blitz und Donner, die Yachten in den Marinas schüttelte es durch, manch leichtes Zelt war gefährdet. Nun aber strahlt die Sonne herab, als wäre nichts gewesen, blauer, wolkenfreier Himmel, kaum ein Lüftchen weht, Strandwetter. Madame la Méditerranée allerdings hat sich noch nicht beruhigt, meterhohe Wellen brechen steil und schäumen an den Sandstrand, zur Freude der Atlantikfans, die einen spielerischen Kampf mit den Wellen beginnen, unter ihnen durchtauchen, über sie wie Stabspringer jumpen. An Schwimmen ist an solchen Tagen nicht zu denken, wer die glatte See vorzieht, muss sich gedulden.

Speziell an den Stränden der Balagne im Nordwesten benimmt sich das Meer stürmischer als auf der Ostseite der Insel. Hinzu kommen die Einflüsse durch den Klimawandel, der plötzliche Wetterumschwünge fördert. Der seitlich von Felsen begrenzte Sandstrand von Bodri in bester Lage zwischen Calvi und L'Île-Rousse ist einer der schönsten der Balagne, die ohnehin mit attraktiven Stränden verwöhnt. Der große Parkplatz liegt einige hundert Meter von der *plage* entfernt, man trägt sein Badegepäck über Maquispfade. In der Nähe befindet sich ein Feriendorf mit großem Pool. Ein Glücksfall ist die Haltestelle Bodri der „Tramway der Balagne", die zwischen Calvi und L'Île-Rousse verkehrt und bei Bedarf an bestimmten Strand-Stationen stoppt.

Das Nonplusultra der Balagne-Strände mit Glücksversprechen findet man in der Vallée de l'Ostriconi am westlichen Rand des Désert Les Agriate: einen kilometerlangen Sandstrand mit wacholderbewachsenen Dünen, zu der das Flüsschen Ostriconi mäandert. Die Zufahrt dorthin ist allerdings holprig, der Fußweg mühsam und unübersichtlich, man braucht eine gute Viertelstunde, um am Spülsaum anzukommen, eine Anstrengung, die reich belohnt wird mit wildem Idyll.

TIPP

Geruhsam geht es an der Plage de Lozari neun Kilometer östlich von L'Île-Rousse zu.

- Plage de Bodri, 20256 Corbara
- Plage de l'Ostriconi, 20259 Olmi-Capella
- Plage de Lozari, 20226 Belgodère
- ÖPNV: Bahn Calvi–L'Île-Rousse

Einsame Spitze

46

Auf dem Zöllnerpfad von Cap Corse

Der Zeigefinger des Cap Corse stellt mit westlich steilen Klippen, zentralem Gebirgszug und östlich sanft zum Meer abfallenden Hügeln ein Abbild der Mutterinsel dar, das an seiner breitesten Stelle zwölf Kilometer Luftlinie misst. Wer gern wandert, aber auf schweißtreibende Kletterpartien verzichten möchte, stattdessen kleine Badepausen an einsamen Stränden bevorzugt, findet auf dem Zöllnerpfad sein Glück. Der *sentier des douaniers* an der kaum besiedelten Nordspitze des Cap Corse führt 26 Kilometer vom östlichen Macinaggio in das belebte Fischerdorf Centuri im Westen immer an der Küste entlang. Der Weg bietet eine reiche landschaftliche Vielfalt. Durch wilde Macchia gelangt man zu den Stränden von Tamarone und Barcaggio, man sieht die Wachturmruinen Agnello und Santa Maria und die eine oder andere verfallene Bergerie, bevor man schließlich ins belebte Hafendorf Centuri gerät.

Wer es bei einer kürzeren und flacheren Tour bewenden lassen will, kann (zumindest in der Sommersaison) für eine Strecke ein Ausflugsboot nutzen, das zwischen Barcaggio und Macinaggio verkehrt. Immer beliebter wird es, Cap Corse auf dem Fahrrad ganz zu umrunden. Dabei hat man die Wahl, die Tour frühmorgens in Saint-Florent oder Patrimonio zu starten und im Uhrzeigersinn auf der Schattenseite zu radeln, oder alternativ die sonnige Ostflanke entlang zu strampeln und sich auf tolle Abfahrten und einen Sonnenuntergang auf der Westseite zu freuen. Die Spitze der Halbinsel lässt sich – anders als das Désert Les Agriate – auch per Auto erreichen, meist auf gewundenen, engen Schotterstraßen.

Für alle Ausflüge sollte man sich Zeit lassen. Leider hat nicht jeder die Möglichkeit, viele Wochen mit Wohnmobil oder Camperbus rund um Korsika zu kurven. Tatsächlich trifft man gerade auf Korsika immer häufiger Globetrotter, die sich ihren Glückstraum erfüllen, die Insel während einer beruflichen Auszeit oder einer Elternzeit mit kleinen Kindern zu erkunden. Manche sind beneidenswerte Meister der Gelassenheit oder auf dem Weg dorthin.

TIPP

Hotels und chambres d'hôtes in Barcaggio und Ersa (www.capcorse-tourisme.corsica).

Zöllnerpfad, Sentier des Douaniers von 20247 Rogliano-Macinaggio nach 20238 Centuri über 20275 Ersa-Barcaggio und Tollare

Von Pâtisserie bis Épicerie

47

Shoppen und Schlemmen in Corte

Corte ist keine große Küstenstadt wie Bastia und Ajaccio, wo man nach Herzenslust shoppen kann, fast als wäre man in Aix-en-Provence oder Avignon. Dennoch ist Corte im Inselinneren die nächstgelegene Einkaufsstadt. Eine Schaufenstertour beginnt man am besten auf der Place Paoli und schlendert von da aus über den gleichnamigen Cours. Dieser ist nicht nur die Shoppingmeile des Ortes mit Textil- und Schuhboutiquen, *Tabac,* Apotheke und Buchhandlung Librairie de Flore (Hausnummer 5), sondern zugleich eine Art Laufsteg, auf dem die Bürgersteige auf engstem Raum als Caféterrassen genutzt werden. Da kann es passieren, dass am Nebentisch in reinem Korsisch oder häufiger noch auf Francokorsisch debattiert wird, wie etwa in der Trattoria (Nummer 6) neben der verführerischen Pâtisserie Casanova 1887. Als Mittelpunkt von Wander- und Klettergebieten verfügt Corte über diverse Sport- und Outdoorboutiquen, von denen Altipiani an der Place Paoli sicher das größte Sortiment anbietet. Übrigens hat Altipiani sich auch als Organisator von Aktivurlaub profiliert – Canyoning, Wander-, Rad- und Klettertouren, Verleih von Rädern und Riesen-Slacklines.

In Corte kann man sich auch mit korsischen Spezialitäten eindecken, zum Beispiel bei U Granaghju am Anfang des Cours Paoli (Nummer 2, Likör, Wein, Honig), bei L'Andatu (Nummer 26, Käse, *prisuttu*-Schinken, *figatellu*-Wurst) und in der Oberstadt in der überaus originellen A Casa Curtinese. In seinem schrill orangefarbenen Häuschen betreibt Jean Ghionga die angeblich älteste *épicerie* von Corte mit regionalen Produkten von Weinziegenjoghurt bis zu feinem Brocciu, Honig- und Konfitüresorten, selbst gemachter Limonade und weiteren Leckereien, von denen man vorher nicht ahnte, dass man sie so dringend benötigt. In der Nähe verkauft Casa di U Legnu Küchenutensilien und Spielzeug aus Olivenholz. Und wer nach aufreibender Shoppingtour ein Eis zur Regenerierung braucht, ist auf der kleinen Terrasse der Gelateria an der Place Paoli neben dem Minisupermarkt genau richtig.

TIPP

Der Wochenmarkt findet freitags in der Avenue Jean Nicoli seitlich vom Cours Paoli statt.

● 20250 Corte mit A Casa Curtinese, Produits corses, und Casa die U Legnu, jeweils Rue du Vieux Marché
● ÖPNV: Bahn Bastia–Ajaccio, Haltestelle Corte

A CASA CURTINESE
SPECIALITES CORSE
PRODUITS CORSES
CHARCUTERIE
FROMAGES
CONFITURES
MIEL
VINS
Jean Marie GHIONGA
PRODUITS CORSES

Romantik pur

48 Abendstimmung an der Pointe de la Parata

Auf etwa 20 Strände im Golf von Ajaccio verteilen sich in der Sommersaison die Sonnenhungrigen, Badenixen und Wassersportler. Vor allem an der Nordküste der Bucht ziehen sich Strände, Campingplätze und Hotels wie an einer Perlenschnur aufgereiht nach Westen. Die eigentliche Attraktion erwartet uns an der Pointe de la Parata, und zwar unbedingt vor Sonnenuntergang. Dann verwandelt das Abendlicht die davorliegenden rötlichen, aber immer schattigen und daher eher schwärzlichen „blutigen" Porphyrfelsen der Îles sanguinaires nach und nach in eine konturenstarke Märchenwelt. Verliebte Pärchen wandeln eng umschlungen von dem großen Endparkplatz aus zur *tour génoise* an der Spitze der Landzunge, Fotofans zücken Kameras, alle Handys. Und alle beeindruckt dasselbe Ensemble: Sonne, Meer, der auf einem Steinhügel thronende Turm und im Hintergrund der Leuchtturm auf dem größten Eiland Grande Sanguinaire. Zum Genueserturm kann man über steinige und staubige Pfade hochklettern, zur Grande Sanguinaire, die eigentlich Isula di Mezzo Mare heißt, stechen Ausflugsboote vom Port Tino Rossi in Ajaccio aus in See (www.naveva.com). Die Landzunge mit den Inseln steht nicht nur unter Naturschutz, sondern trägt das schwer zu erringende Gütesiegel *Grand Site de France* als eine von drei Sehenswürdigkeiten auf Korsika. Die anderen beiden Labelträger sind Bonifacio und das Weinbaugebiet Conca d'Oru in Patrimoine an der Bucht von Saint-Florent.

TIPP

An der Pointe de la Parata gibt es die Brasserie I Sanguinari mit Terrasse und Panoramablick.

Der Genueserturm La Parata wurde 1550 errichtet, heute ist er zur Ruine verkommen. Mit etwa 120 Wachtürmen befestigte einst die Seerepublik Genua die korsische Küste und schützte sie vor Piratenraubzügen und feindlichem Militär, realistische Bedrohungen in jener Zeit. Bis heute stehen noch einige intakte Türme auf Felsnasen und Landzungen, viele sind jedoch verfallen und vernachlässigt. Sie gehören zu den Wahrzeichen der Insel und bezeugen wie auch Brücken, Barockkirchen, Klöster und Festungen die enorme Baukunst der Genuesen.

- Îles sanguinaires, Pointe de la Parata, D111, Route des Sanguinaires, 20000 Ajaccio
- ÖPNV: Bus 5 ab Ajaccio, Place de Gaulle, Haltestelle Parata

Napoleon im Kleinformat

49 Zitadelle und Playmobil-Museum in Ajaccio

Wer seine Kinder glücklich machen möchte, besucht mit den Kleinen (und vielleicht auch den Großen) am besten das Privatmuseum Naporama neben der Zitadelle von Ajaccio. Mithilfe von Playmobilfiguren rekonstruierten die Initiatoren, die zwar nicht von den Besitzern der deutschen Spielzeugmarke entsandt wurden, aber von diesen „wohlwollend" beobachtet werden, die Biografie und die wichtigsten Ereignisse im Leben von Napoleon Bonaparte. 23 Dioramen verlebendigen unter anderem seine wichtigsten Feldzüge und Schlachten. Allein für die Darstellung, wie Napoleons Armee im Winter 1800 den Großen Sankt-Bernhard-Pass überquert, wurden 200 Figuren benötigt. Eines der ersten Dioramen fantasiert einen Albtraum von Friedrich dem Großen am Tag der Geburt Napoleons: ein bedeutenderer Feldherr als er selbst werde Preußen besiegen und später selbst besiegt werden. Weitere Dioramen zeigen das berühmte, aber fiktive Motiv einer von Napoleon kommandierten Schneeballschlacht in der Militärschule von Brienne (1783); Napoleons Staatsstreich am 18. Brumaire VIII des Revolutionskalenders (1799) und die Kaiserkrönung (1804).

Die 1492 unter Genueser Herrschaft angelegte Burg von Ajaccio wurde ab 1553 von den französischen Besatzern zur Zitadelle ausgebaut und nach der Rückeroberung von 1559 durch Genua als Festung erweitert. Heute besteht sie aus zwei gut erhaltenen Bastionen und einer Beobachtungswarte, die man besteigen kann. Militärisch erfüllt die Zitadelle keine Zwecke mehr und die Stadtverwaltung möchte sie nun in ein pulsierendes Quartier verwandeln. Die Lage mit weiten Ausblicken übers Mittelmeer, direkt hinter Altstadt und Hafen ist optimal. Erste Anzeichen für eine Belebung der Anlage sind temporäre Kunstausstellungen, Musikevents und Sommerboutiquen in den Festungshöfen. Unterhalb der Zitadelle liegt der Strand Plage Saint-François, der südwestlich in die Plage Trottel übergeht. Beide sind bevölkert und manchmal nicht sehr sauber, aber zum Füßeabkühlen an heißen Tagen sehr willkommen.

TIPP

Im südlichen Golf von Ajaccio liegen wunderbare Strände, der schönste ist Mare e Sole bei Verghia.

- Citadelle d'Ajaccio, 8-10, Boulevard Danièle Casanova, und Musée Naporama, 13, Rue Forcioli Conti, 20000 Ajaccio
- ÖPNV: Bus 1, 3, 4, 7, Haltestelle Cathédrale

Fahrt ins Blaue

50

Mit der Schmalspurbahn nach Vizzavona

Wenn sich die schmalen Schienenbusse der korsischen Eisenbahn *U Trinichellu* aus der modernen Produktionsserie AMG800 ganz leicht schlingernd nach vier Kilometern Dunkelfahrt aus dem längsten in die Berge gehauenen Tunnel der Insel dem auf 906 Meter liegenden höchsten Bahnhof Korsikas nähern, kommt Bewegung in die auf dem Bahnsteig wartenden Menschen. Man schultert Rucksäcke, schnappt sich Koffer und Taschen, nimmt Kinder an die Hand, hakt Alte unter. Fünfmal täglich erwacht das Bahnhofsgebäude in Vizzavona aus seinem Dornröschenschlaf, dann taucht ein Mitarbeiter aus den Hinterzimmern auf und öffnet die Fahrkartenausgabe. Der spartanisch betriebene Bahnhof hat außer einigen Sitzgelegenheiten in der Schalterhalle weder Toiletten noch Kiosk oder Gepäckaufbewahrung. Zum Glück serviert gegenüber das Lokal Le Refuge einfache Gerichte. Dreimal am Tag erreicht der Trubel einen Höhepunkt, dann stoppen im Abstand von einer Minute zwei gegenläufige Züge in dem Bergweiler. Der Grund: Die Strecke verläuft überwiegend einspurig, und Vizzavona ist ein Knotenpunkt mit Rangiergleis. Nach weniger als fünf Minuten verschwinden die Züge in verschiedene Richtungen, die Hektik legt sich und auch die zahlreichen Wanderer, die hier ausgestiegen sind, machen sich auf die Socken. Der 1163 Meter hohe Col de Vizzavona stellt die Mitte des Wandertrails GR 20 im Wald von Vizzavona dar, einem der schönsten Wälder Korsikas. Der winzige Ort verdankt seine Existenz der 1889 in Betrieb genommenen Bahnstation und entwickelte sich vorübergehend mit Post- und Telegrafenamt, Kapelle, kleinen Läden, Herbergen, Gendarmerie und vor allem dem Grand Hôtel de la Forêt (heute Ruine) rasch zur *station d'été,* wo die Bourgoisie der Küstenstädte ihre Sommerfrische verbrachte. 1936 entstand mit dem neuen französischen Recht auf bezahlten Urlaub ein weniger gut betuchter Typus von Ferienreisenden. Seit den 1950er-Jahren verkehrte auch ein sonntäglicher Schienenbus von Ajaccio nach Vizzavona und förderte damit systematisch den Ausflugstourismus.

TIPP

Für Wanderer gibt es diverse Übernachtungsmöglichkeiten: Biwak, Pension, Hütten.

- Schmalspurbahn, Bahnhof von Vizzavona, Refuge/Hôtel Le Vizzavona, 20219 Vivario-Vizzavona, www.hotel-vizzavona.com
- ÖPNV: Bahn Bastia–Ajaccio, Haltestelle Vizzavona

AMG 804

Entspanntes Treiben

51 Die Place Saint-Nicolas in Bastia

Wer als Flaneur seinen Urlaub in der von italienisch-französischem Flair geprägten zweitgrößten Stadt Korsikas beginnt oder stilvoll beendet, dem wird das herrlich ziellose Umherstreifen durch die Terra Vecchia, die Altstadt nördlich der Marina, lange in Erinnerung bleiben. Nette Stadthotels findet man am Boulevard Paoli und rund um die Avenue Maréchal Sebastiani, beste Fußlage zwischen Gare ferroviaire (Bahnhof), Gare maritime (Fährbahnhof) und Navette (Zubringerbus) zum Flughafen.

Gleich um die Ecke liegt die 300 Meter lange, 90 Meter breite Place Saint-Nicolas, die von Restaurant- und Caféterrassen gesäumt wird. Noch bis zur Mitte des 20. Jahrhunderts leckte das Meer am Rand der Esplanade und überschwemmte diese oft. Heute trennen Schnellstraße und Parkbucht den Platz vom Neuen Hafen, dennoch scheint es, als würden die gewaltigen Fähren direkt an einer der Ruhebänke auf der Ostseite anlegen. Auf der Place Saint-Nicolas schlägt das Herz von Bastia. Vor allem am frühen Abend füllt sich der mit Palmen und Platanen bepflanzte Platz mit lustwandelnden Erwachsenen, tobenden Kindern und auf eine Fußballkarriere hin trainierenden Jugendlichen. Immerhin wurden hier ab 1920 die ersten Spiele des SC Bastia ausgetragen. Sonntags findet vormittags ein Flohmarkt statt. Zuweilen werden auf einem der größten Stadtplätze Frankreichs auch Partys und Festivals veranstaltet, zu denen Tausende Menschen strömen. Auch die vielseitige „Möblierung" tut der wohltuenden Weitläufigkeit mitten im Stadtgewühl keinen Abbruch, dazu gehören das kolossale Napoleon-Denkmal aus Carrara-Marmor (der Imperator in eine römische Toga gehüllt), der filigrane Musikpavillon, das martialische Denkmal für die in drei Kriegen Gefallenen und das schwarze Denkmal Kiosque du sous-marin Casabianca (Kopie des Kommandoturms eines U-Bootes, mit dem die Résistance sich 1942/43 an der Befreiung beteiligte). Auf gleicher Höhe mit dem Neuen Rathaus posiert eine Figurengruppe, welche an die Misshandlungen erinnert, denen Widerstandskämpfer ausgesetzt waren.

TIPP

Nette Restaurants, korsische Spezialitäten, beste Boulangerie-Pâtisserie bietet die Rue César Campinchi.

● Place Saint-Nicolas und Boulangerie-Pâtisserie Ghisoni-Mariotti, 30, Rue César Campinchi, 20200 Bastia
● ÖPNV: Bus 3, Haltestelle Falata di A Pià

Hermann hat es gern warm

52

Die Schildkrötenfarm A Cupulatta in Vero

Im Winter, genauer gesagt etwa von Mitte November bis Ende März schläft Hermann und will nicht gestört werden. Den Rest des Jahres tummelt er sich am liebsten in der verwilderten Macchia, nicht allzu weit vom Meer entfernt. Allerdings muss er sehr gut aufpassen, wenn er seinen ledrigen Kopf weit herausstreckt und schneller zur nächsten Nahrungsquelle eilt, als man landläufig vermutet. Wildschweine und die halbwilden korsischen Hausschweine empfinden ihn als Leckerbissen, da kann sein Panzer noch so fett sein. Menschen finden ihn (und seine eierlegende Frau) meist süß, dürfen ihn aber nicht einfach mitnehmen oder gar ins Exil in den heimischen Garten „retten". Die korsische Hermann-Schildkröte, eine westliche Unterart der Griechischen Landschildkröte, die im Mittelmeerraum noch in der freien Natur verbreitet ist, vegetiert auf Korsika dank überwiegend fehlender Bautätigkeit an den Küstenstreifen relativ ungestört in warmen Tälern und gelegentlich in niedrigen Höhenlagen bis 300 Meter.

Die teil-wilden Gebiete im Hinterland der Küsten, manche sind sogar ganz unberührt von der Zivilisation, bieten der *testudo hermanni hermanni* gute Lebensbedingungen. Das Reptil mit dem gebogenen schwarz-gelb gefleckten Rückenpanzer frisst gern die Blätter, Blüten und Stängel von Korbblütlern, Hülsenfrüchten, Hahnenfuß und Glockenblumen, manchmal auch den Inhalt von Vogeleiern und Nacktschnecken.

Das 2,5 Hektar große Gebiet der Schildkrötenfarm A Cupulatta in der Vallée de Gravona schenkt nicht nur den Hermann-Schildkröten und ihrem Nachwuchs einen Schutzraum. Auch die ebenfalls auf Korsika heimische *cistude,* die Europäische Sumpfschildkröte mit gelben Punkten im Gesicht, findet auf der Farm artgerechte Protektion. In dem Park überleben etwa 3000 Tiere aus 170 Arten von allen Kontinenten, inklusive Riesenschildkröten von den Seychellen und Galapagos-Inseln. Der zweite, wesentlich kleinere Schildkrötenpark Le Village des Tortues befindet sich am Eingang zum Asco-Tal.

TIPP

Drittes korsisches Reptil ist die harmlose Ringelnatter, giftige Vipern gibt es auf der Insel nicht.

● A Cupulatta, an der T20, 20172 Vero, www.acupulatta.com

● Le Village des Tortues, D47, 20218 Moltifao

Täuschend echt

53

Trompe-l'oeil-Malerei an der Maison Abbati

Der Abriss eines Gebäudes bringt oft die bis dahin unsichtbare Brandmauer des Nachbarhauses zum Vorschein, deren nackte Hässlichkeit eine visuell glücklichere Gestaltung verdient. Dann schlägt die Stunde der Graffiti-Künstler, um entweder bei Nacht und Nebel oder ganz offiziell mit Pinsel und Palette solch fensterlose Fassaden zu verschönern. Wenn dann auch noch die hohe Kunst der Trompe-l'oeil-Malerei aus der einfachen Mauer ein museales Werk macht, mutiert der Ort zur Sehenswürdigkeit. So geschehen in Bastia im Zitadellenviertel Terra Nova, wo Jean-Paul Mattei 1998 der Maison Abbati eine fünfgeschossige Fassade mit täuschend echten Gauben, Fenstern, Vorhängen, Läden, einem breiten Balkon und einer Eingangstür gab. Der Clou: Aus den Fenstern lugen bedeutende historische Persönlichkeiten, und auf dem Balkon treffen sich drei berühmte Tenöre aus Bastia: César Vezzani, José Luccioni und Mario Brunini. Bei den anderen Personen handelt es sich um den Dichter Salvatore Viale, die antiklerikale Revolutionärin Fiora Oliva, die Bürgermeister Baron Giovanni Battista Galeazzini und Émile Sari sowie um den Kanoniker Auguste Letteron.

TIPP

Unterhalb der Zitadelle führt die Promenade L'Albilonda barrierefrei 450 Meter am Meer entlang.

Leider verblasst die jeder Witterung ausgesetzte Farbe schon ein wenig, sodass etwa der Champagnerkorken auf Letterons Fenstersims kaum noch zu erkennen ist. Der aus der Champagne stammende Priester, Lehrer und Forscher war 1880 Initiator der korsischen Gesellschaft für Geschichte und Naturwissenschaften. Der Schriftsteller Salvatore Viale publizierte 1817 als Erster ein Werk in korsischer Sprache und propagierte die Anerkennung des Italienischen als eine der Kultursprachen Korsikas. Die abgebildete Sonnenuhr zeigt die Uhrzeit 5:45 Uhr, zu der Bastia am 4. Oktober 1943 die deutschen Besatzer in die Flucht schlug. Bastia litt stark unter dem amerikanischen Bombenhagel, wodurch das ursprüngliche Eckhaus zerstört und die Mauer freigelegt wurde. Weil dessen Architektur an ein Musikinstrument erinnerte, trug es den Spitznamen *U Cimbalu*, das Cembalo.

- Maison Abbati, Ecke Rue Colonnela/Montée Capazza, 20200 Bastia
- ÖPNV: Bus A, B, Haltestelle Piazza d'À (ca. 200 Meter Fußweg)

Auf alten Pfaden

54 Die West-Ost-Wandertour Mare à Mare Sud

Der Blick auf das breite Felsenpanorama der „Dolomiten von Korsika" begleitet uns fast überall in der Alta-Rocca-Landschaft mit ihren lauschigen, zwischen Kastanien, Schwarzkiefern und Steineichen liegenden Dörfern, zu denen (gelegentlich schottrige) Sträßchen führen. Nachts verschwinden die sieben Bavella-Granitnadeln in der Finsternis, umso deutlicher treten ihre Konturen aus der nebligen Morgendämmerung wieder hervor. Der Name Alta Rocca bezieht sich nicht auf die Felsenhöhe, wie man meinen könnte, sondern auf den Familiennamen della Rocca einstiger Feudalherren. Heute steht der Name vor allem für Wandertourismus und korsische Produkte wie Honig, Olivenöl und Käse. Der Wanderweg Mare à Mare Sud von der West- an die Ostküste passiert gleich mehrere Alta-Rocca-Dörfer, von denen die meisten durch alte Pfade verbunden sind. Da ist das malerische Sainte-Lucie-de-Tallano (Foto) mit den gleichen hohen Granithäusern zur Abschottung gegen die Vendetta wie in Sartène. Der Stolz des Dorfes ist der dort vorkommende, mittlerweile so gut wie erschöpfte, schwarz-weiß gemusterte Kugeldiorit, ein Gestein, das die Medicis in Florenz für ihren Kapellenbau verwendeten. Es gibt eine restaurierte, aktive Ölmühle und zwei Olivenölläden. Der Wandertrip geht weiter über Altagène und Serra-di-Scopamène nach Aullène, ein friedliches, etwas verschlafenes Dorf mit einem Hotel-Restaurant in einer alten Poststation, seit 1880 von derselben Familie betrieben. Im Bergdorf Quenza entspringen die Flüsse Taravo und Rizzanese, ein optimales Gelände für Reitausflüge. Von Quenza geht die Mare-à-Mare-Wanderschaft an Zonza vorbei über Levie und L'Ospédale nach Porto Vecchio an die Küste.

TIPP

Tankstelle und Bankomat sind rar: Station d'essence in Levie, billeterie in San-Gavino-di-Carbini.

Wer mit dem Auto in der Alta Rocca unterwegs ist, könnte auf dem Rückweg nach Propriano einen Abstecher in das malerisch auf einem Hügel gelegene Dorf Santa-Maria-Figaniella einplanen, in dem eine gepflegte romanische Kirche aus dem 12. Jahrhundert steht, und die Fahrt über den Col de Siu und die Baracci-Schlucht fortsetzen.

- Wanderweg Mare à Mare Sud, www.pnr-corse.fr
- Olivenöl: Chez Jacques Léandri und La Cave à huile d'olive Santa Lucia, 20112 Sainte-Lucie-de-Tallano
- Restaurant de la Poste, 20116 Aullène

Von Strand zu Strand

55 Die Balagne-Bahn von Calvi nach L'Île-Rousse

Nur auf der kurzen Bahnstrecke Calvi–L'Île-Rousse sieht man sehr selten ersatzweise einen „Feurigen Elisas" fahren. Allerdings ruhen und rosten die meisten alten Renault-Triebwagen, die ihren Spitznamen wegen ihrer gelb-knallroten Farbe tragen, schon lange in einem Lok-Depot in Casamozza. Auf den Schmalspuren der korsischen Eisenbahn verkehren heutzutage moderne blau-weiße Wagen, klimatisiert und mit Toiletten ausgestattet. Nichts für Eisenbahnromantiker? Doch. Auch die neuen Züge nähern sich leicht ratternd, und mit viel Fantasie identifiziert man ein leichtes Schnaufen. Der einst von Weitem hallende Pfiff wurde von einem fröhlichen Hupen abgelöst, mit dem die Bahn ihre Ankunft ankündigt, ein Tonsignal, das bei Schienenfans durchaus noch dieselbe Abenteuerlust, dasselbe Fernweh und dieselbe Glückserwartung wie dazumal weckt – vor allem, wenn man gerade am Strand vor sich hinträumt.

TIPP

Schönste Strände mit Haltestelle: Calvi, Lumiu, L'Arinella, Ghjorghju, Aregno, Bodri, L'Île-Rousse.

Das korsische Schienennetz ist in zwei Kategorien unterteilt – die etwas großspurig *Grandes Lignes* genannte Verbindung Bastia–Ajaccio samt Nebenstrecke von Ponte Leccia nach Calvi und die *Lignes périurbaines,* die Vororte von Bastia und Ajaccio anbinden. Der Süden der Insel wurde vom Schienennetz abgehängt. Und dann ist da noch das inoffiziell *Tramway der Balagne* getaufte Bähnchen, das Passagiere innerhalb von 45 Minuten mehrmals täglich von Calvi nach L'Île-Rousse oder umgekehrt transportiert. Auf dieser 25-Kilometer-Strecke mit 16 Stationen kann man sogar die Fenster öffnen und sich den Wind um die Nase wehen lassen. Der Hit: Die kurzen Züge halten an den Stränden, und zwar *facultatif,* das heißt, nur wenn jemand aus- oder einsteigen möchte. In the middle of nowhere in der Macchia am Beginn eines Trampelpfades zum Strand gibt es natürlich keine Bahnhöfe, auch keine Ticketautomaten und meist keine Absicherung für Fußgängerwege über die Gleise. Und so kommt es, dass die Bahnen im Sommer vormittags mit Badelustigen an der Küste entlangschaukeln und gegen Abend anhalten, wenn die Strandrückkehrer den Daumen in die Luft recken.

● Balagne-Bahn, Gare ferroviaire de Calvi, Avenue de la République, 20260 Calvi, Gare ferroviaire de L'Île-Rousse, Route du Port, 20220 L'Île-Rousse

Dio vi salvi Regina

56 Auf Maultierpfaden im Niolo unterwegs

Im Gegensatz zu den asketisch, im Dämmerlicht kühn und nachts feindselig wirkenden Felsformationen der Scala di Santa Regina zeigt sich die schwach besiedelte Niolo-Hochebene über dem Golo in ihrer alpinen Landschaft von einer herb-freundlichen Seite. „Eine unbezwingbare Festung" nannte der französische Schriftsteller Guy de Maupassant 1882 die Gegend um Corscia. Die oberhalb von 800 Metern liegenden Weiler und Dörfer haben sich zu zwölf Gemeinden mit weniger als 2000 Einwohnern zusammengeschlossen. Bis zum Bau der D84 Scala di Santa Regina im 19. Jahrhundert waren die Bergleute auf Maultierwege angewiesen. Die Drei-Weiler-Gemeinde Lozzi (810 Meter) zieht sich bis auf den Gipfel des Monte Cinto (2710 Meter) hinauf und ist damit die höchstgelegene Siedlung der Insel. Auch der bei Wanderern beliebte Bergsee Lac de Cinto gehört zu Lozzi. Eines der erlebnisreichsten Abenteuer ist es, sich die Scala di Santa Regina auf den alten Hirtenwegen zu erschließen. Auf dem *sentier de la transhumance* wurden die Herden ins Niolo bzw. an die Küste getrieben, ein Saumpfad, der nun Wanderer empfängt und sich von der Kirche in Corscia, der Église de San Sauveur, aus in vier bis fünf Stunden bewältigen lässt. Der gesamte historische Transhumanz-Wanderweg verläuft auf 76 Kilometern in fünf Etappen von Calenzara bei Calvi nach Corscia.

TIPP

Bei Calacuccia beginnt die Forêt de Valdo-Niello, größter Insel-Wald mit uralten Laricio-Kiefern.

Mit der Himmelskönigin Santa Regina, zu der eine *scala,* eine Leiter, führt, genauer gesagt sind es Felsstufen, ist die Jungfrau Maria gemeint, Schutzheilige Korsikas. *Dio vi salvi Regina,* Gott schütze Dich, Königin, so beginnt die Hymne des korsischen Volkes. Eine Legende berichtet, dass der Hirte Sauveur Costa sich vor genuesischen Verfolgern im Niolo versteckt hielt und das neapolitanische Lied für die Korsen adaptierte. Erstmals soll es am 25. April 1730 zu Beginn der Aufstände gegen Genua in der Chapelle Saint-Marc von Corscia angestimmt worden sein. Eines der vielen Beispiele, wie sich auf der Insel politischer Widerstand und christliche Heiligenverehrung vermischen und befruchten.

- Maultierpfade, Startpunkt des Saumpfads: Église de San Sauveur, 20224 Corscia
- ÖPNV: Bus Corte–Col de Verghio mit Halt in Calacuccia

Heiße Steine, kühles Nass

57 Felswandern im Tassineta-Tal

Diese Wanderung, eher ein Spaziergang für festes Schuhwerk, den man auch ausdehnen kann, verspricht eines der schönsten Naturerlebnisse auf der Île de Beauté, ohne erst hohe Gipfel besteigen zu müssen. Selbst im Hochsommer trifft man nicht allzu viele Menschen im Tassineta-Hochgebirgstal unterhalb des Mufflon-Naturschutzgebietes an der Mündung des Tassineta-Baches in den Stranciacone, obwohl sich dort ein großer Parkplatz befindet. Von dort aus führt links und oberhalb des plätschernden Baches, den man über eine Brücke überquert, ein schmaler Pfad durch das wild-idyllische Seitental auf etwa 1000 Meter Höhe, von hochgewachsenen Korsischen Schwarzkiefern gesäumt und von majestätischen Gipfeln umrundet. Der Weg wird immer wieder durch umgestürzte Bäume oder Felsbrocken unterbrochen, über die man klettern muss. Er ist nicht besonders gut markiert, am besten läuft und kraxelt man so lange weiter, bis der Pfad unter einem gewaltigen Felsen verläuft. Spätestens dann beginnt der eigentliche Spaß, denn der Tassineta verfügt über zahllose Naturbecken, teilweise so tief, dass man keinen Boden unter den Füßen hat und richtig schwimmen kann, sowie über Kaskaden und Rutschbahnen. Nach Herzenslust können wir uns in dem glasklaren, sehr kalten Gewässer austoben, ein Genuss, der sich an heißen Tagen, wenn die Steine in der Sonne glühen, noch steigert. Auch wer nicht baden möchte, findet genügend einsame Plätze und flache Felsbalkons zum Chillen und Picknicken mit anschließender Siesta. Wer dann noch Lust auf ein wenig Sport hat, kann bergan drei Kilometer zur Ruine der Bergerie de Tassineta steigen, ein Weg, der allerdings nach und nach verwildert, weil die ursprüngliche Fortsetzung zum Ondella-Wasserfall aus Naturschutzgründen gesperrt wurde, sodass man von der Bergerie aus denselben Rückweg antreten muss. Von Zeit zu Zeit weisen Steinmännchen die Richtung.

TIPP

Badeschuhe für die Felsgumpen sind zu empfehlen, Textilfreiheit ist unüblich, Hunde sind nicht erlaubt.

● Tassineta-Seitental des Haut-Asco (über D147 von Asco), 20276 Asco
● ÖPNV: Bus ab Ponte Leccia nach Haut-Asco (selten)

Der Weg ist das Ziel

58 Aufstieg zum Gouverneurspalast in Bastia

Viele Wege führen ins Himmelreich, in diesem Fall in die imposante Zitadelle im ältesten genuesischen Viertel Terra Nova von Bastia. Wer mit dem Auto anreist, findet an der Place d'Armes im Parking de la Citadelle einen nahen Platz für das Gefährt. Anstrengungsfrei gelangt man durch den Doppeltorbogen Porte Louis XVI. in die Rue Notre-Dame (Foto) zur Kathedrale Sainte-Marie-de-l'Assomption und zum Palais des Gouverneurs. Die bequemste fußläufige Route beginnt am südlichen Ende des Alten Hafens: Vom Betonneubau Spaziu Mantinum mit Amphitheater aus überwindet ein Aufzug 30 Höhenmeter zur Zitadelle. Bevor man die Fahrt antritt, könnte man erst noch einen kurzen Blick in die alte Jesuitenkirche, die heutige Église Saint-Charles-Borromée, werfen, eine Kirche mit politischer Vergangenheit. Nur unter der Bedingung, nicht wie für katholische Gotteshäuser üblich Flüchtlingen und Verfolgten Asyl zu bieten, erlaubte Genua 1635 den Bau. Und im Mai des Revolutionsjahres 1789 versammelten sich hier die korsischen Generalstände (Klerus, Adel, Bürger). 1971 schließlich wurde in der Kirche die erste Messe in korsischer Sprache gelesen. Von hier aus sind es 500 Meter Fußweg bis zur Porte Louis XVI.

Der allerschönste und idyllischste, wenn auch schweißtreibende Aufstieg ins Terra Nova führt vom Quai du Sud im Alten Hafen über die prächtige geschwungene Freitreppe Escalier Romieu durch den Jardin Romieu. Die 1879 angelegte älteste öffentliche Parkanlage Bastias am Hang ist eine schattige Oase der Ruhe mit verschlungenen Wegen und Treppchen, die ursprünglich dem Genueser Gouverneur als Garten diente. Die Treppe, ihr kunstvolles Geländer und der Garten stehen als Ensemble unter Denkmalschutz.

Ist man am Gouverneurspalast mit seinem eindrucksvollen Bergfried endlich angekommen, empfiehlt sich ein Besuch des darin untergebrachten ethnologisch-historischen Museums. Der kleine Palastgarten dahinter lohnt eine Erholungspause.

TIPP

In der Chapelle Notre-Dame-de Montserrat befindet sich eine Scala Santa (heilige Büßertreppe).

● Palais des Gouverneurs mit Musée d'Histoire de Bastia, Place du Donjon, 20200 Bastia, Aufstieg ab Escalier Romieu, Quai du Sud

Badewannen im Wald

59

Zu den Cascades des Anglais bei Vizzavona

Der aus Korsischen Schwarzkiefern und Buchen bestehende Wald von Vizzavona zwischen dem 2389 Meter hohen Monte d'Oro und dem Palmente-Pass gehört zu den schönsten auf der Insel und ist von Wanderwegen durchzogen. Während sich die erfahrenen Freaks frühmorgens auf die sehr anspruchsvolle, etwa zehnstündige Bergtour zum Monte d'Oro begeben, bevorzugen andere eine wesentlich leichtere, vor allem für Familien mit Kindern ideale Tour. Diese führt zu den Kaskaden der Engländer am Agnone-Bach. Ihren Namen verdanken die Wasserfälle den englischen Touristen, die als Erste in den 1890er-Jahren vom Bau der Eisenbahnlinie in diese malerische Gegend profitierten.

Weniger als eine Stunde läuft man auf Waldwegen, bis man die Talsohle des Agnone erreicht. Der Weg dorthin ist sicher eine der gemütlichsten Etappen des Fernwanderwegs GR20, der den Ruf hat, der schwierigste von Europa zu sein. In diesem Hochwald wächst neben den Buchen die Korsische Schwarzkiefer, der mit 40 bis 60 Metern höchste Baum des europäischen Kontinents. Der Bergbach nimmt seinen plätschernden Abwärtsweg über etwa 20 teils steile, teils flachere Kaskaden. Dabei bildet er zahlreiche Badegumpen, deren kristallines Wasser dazu einlädt, die ermüdeten Füße, wenn nicht gleich den ganzen Körper zu erfrischen. Leichtfüßig und jauchzend hüpfen Kinder und Jugendliche durch das gemächlich von 1092 auf 1150 Meter ansteigende Felsengelände, für das man trittsicher sein sollte, denn zwischen den dicken Granitbrocken lässt sich nur hin und wieder ein schmaler Pfad erahnen. Wegen ihrer guten Zugänglichkeit zählen die Cascades des Anglais im Hochsommer zu den begehrteren Zielen, weshalb sich dort auch ein Kiosk angesiedelt hat, was aber dem Kletter- und Badevergnügen keinen Abbruch tut. Im Waldgebiet zwischen den Kaskaden und der Straße T20 befindet sich ein Kletterwald (Accrobranches Parc Aventure) mit 14 Parcours und fünf Schwierigkeitsgraden, in dem Große und Kleine für einen Tag lang Tarzan und Jane spielen können.

TIPP

Korsikas höchste Kaskade in der Nähe von Bocgnano trägt den poetischen Namen „Brautschleier-Wasserfall".

- Cascades des Anglais, Forêt de Vizzavona, 20219 Vivario-Vizzavona
- ÖPNV: Bahn Bastia–Ajaccio, Haltestelle Vizzavona (300 Meter Fußweg bis zum Waldweg)

Alte und neue Kreativität

60

Das Künstler- und Musikdorf Pigna

Die sanfte Hügellandschaft der Balagne im Nordwesten von Korsika lässt sich mit der französischen Provence und mit der italienischen Toskana vergleichen, jedoch nicht mit der noch einen Tick schickeren Côte d'Azur. Letztere Parallele gebührt eher der südkorsischen Ostküste mit ihren luxuriösen Stränden. Hier wie dort klammern sich malerische Dörfer an Hänge und Felsen, werden Wein, Oliven und Zitrusfrüchte angebaut, mangelt es nicht an schlichten und gehobenen Restaurants, Boutique-Hotels, Läden mit Handwerksprodukten und winzigen Kunstgalerien. Und wer mehr Zeit in der Gegend einplant, könnte täglich im Meer baden und täglich ein anderes Dorf mit einem anderen Restaurant aufsuchen, eine optimale Erholungsmischung, wegen des Badens vorrangig zwischen Juni und Anfang Oktober zu empfehlen (ohne Baden auch im Mai).

TIPP

Abseits vom Mainstream kocht Fotograf Antoine Perigot im Restaurant Saetta in Corbara Fischgerichte.

Einen Ruf als Künstlerdorf hat beispielsweise der alte Bilderbuchort Pigna auf einer Anhöhe, von dem aus man Panoramablicke auf Balagne und Mittelmeer hat. Pigna bemüht sich um ein Leben ohne Kohlendioxidbelastung und verbannte jegliches motorisierte Fahrzeug. Ohnehin eignet sich das grobe Kopfsteinpflaster vor allem für Fußgänger mit flachem Schuhwerk. Während des Spaziergangs kommt man an mehreren kunsthandwerklichen Ateliers unter anderem mit Keramik- und Kupferobjekten vorbei, und in der Casa di l'Artigiani sind Produkte aus diversen Handwerksberufen ausgestellt. Alte und moderne korsische Musikinstrumente, zum Beispiel eine *pivana* aus Ziegengehörn, präsentiert das Museu Musica mit angeschlossenem Centru culturel Voce, das sich der Wiederbelebung und Verbreitung traditioneller korsischer Musik widmet. Im Auditorium di Pigna mitten im Ort, ein stufiges Open-Air-Amphitheater mit 120 Plätzen und einer von einem Töpfer für die polyphonischen korsischen Gesänge errichteten Akustik, finden Konzerte statt, im Juli das Festival Festivoce. Pigna, das durch Landflucht bereits im Niedergang war, ist heute ein Erfolgsmodell für die Erhaltung des Kunsthandwerks und der traditionellen Musik.

- 20220 Pigna mit Museu Musica, Place du village, www.voce.corsica, und Casa di l'Artigiani
- ÖPNV: Bus 4 ab L'Île-Rousse mit Halt in Pigna und Corbara

Challenge für Profiwanderer

61 Der legendäre GR20 über die Berge

Machen wir uns nichts vor: Dieser Weg wird kein leichter sein. Umso zufriedener, ja wirklich glücklicher als zuvor, wenn auch extrem erschöpft, knapp vor dem Leistungskollaps, manchmal weinend, kommen diejenigen Wanderfreaks, die 16 Tage zuvor im Balagne-Ort Calenzara gestartet sind, nach 180 Kilometern und mehr als 12.000 überwundenen Höhenmetern im südöstlichen Conca an. Die legendäre Grande Randonnée 20, kurz GR20 und auf Korsisch *Frà li Monti,* stellt für Bergwanderer die größtmögliche Herausforderung in Europa dar, denn der Fernwanderweg gilt als schwierigste Strecke des Kontinents. Drei Viertel derjenigen, die optimistisch losgehen, geben unterwegs auf, Blasen, Verletzungen, Gelenkprobleme, falsche Schuhe. Mangelnde Kondition verzeiht der granitharte Boden nicht. Um den Cirque de la Solitude, den Kessel der Einsamkeit, wurde mittlerweile eine Umleitung geschaffen und alle Kletterhilfen entfernt, seit bei einem Unfall dort sieben Menschen umkamen.

Was auch immer physisch, emotional und psychisch passiert, für alle GR20-Wanderer gibt es ein Davor und ein Danach, an das sie sich lebenslang erinnern werden. Den Rekord ohne die üblichen Etappenstopps brach ein Mann in 31 Stunden und 6 Minuten, eine Frau in 35 Stunden und 50 Minuten. Normalerweise übernachtet man in Bergerien oder biwakiert in Zelten neben Schutzhütten *(refuges).* Für die Nacht muss man sich zwischen eventuellen Wanzen in den Matratzenlagern oder um die Zelte marodierenden Wildschweinen entscheiden. Da der *Frà li Monti* durch den ebenfalls 1972 gegründeten Parc naturel régional de Corse führt, der annähernd die Hälfte der Inselfläche ausmacht, warten auf die Wanderer in ihrer menschlichen Einsamkeit besondere Naturerlebnisse. Der Park bietet bedrohten Arten wie Mufflons, Steinadlern und Bartgeiern einen idealen Rückzugsraum, es leben 800 Tierarten darin. Im Herbst lassen sich die Parkranger ausgestattet mit Motorsensen und -sägen von Hubschraubern an den Pfaden des GR20 absetzen, um Durchgänge freizuschlagen.

TIPP

Das Wanderwegenetz des Regionalen Naturparks umfasst 1500 Kilometer (www.pnr-corsica.fr).

- Fernwanderweg GR20: www.le-gr20.fr; Start: Fontaine du Prince Pierre, 778, Place Prince Pierre, 20214 Calenzana

Wo das wahre Leben spielt

62

Spaziergang durch das Viertel Terra Nova in Bastia

Wer in Bastia die Zitadelle besucht hat, sollte noch eine Weile durch das majestätisch über dem alten Hafen gelegene Viertel schlendern, das sich nur zu Fuß erschließen lässt – es lohnt sich. Die Straßen rund um die Bastion bilden das älteste genuesische Quartier Terra Nova, das entgegen seinem Namen deutlich früher entstand als die Terra Vecchia – die alte Stadt – zu seinen Füßen. Genua errichtete die Festung ab 1380 bis ins 15. Jahrhundert hinein oberhalb des älteren Fischerhafens Porto Cardo, der später zerstört und durch eine neue Siedlung ersetzt wurde – der alte Name jedoch hielt sich.

So verwirrend diese Bezeichnungen sind, so labyrinthisch zeigt sich auch das Gassengewirr der von hohen Festungsmauern umschlossenen Terra Nova, die in ihrer optischen Widersprüchlichkeit zugleich ein Spiegelbild der im Verlauf der Jahrhunderte immer wieder neu umkämpften Stadt Bastia ist. Geht man ein paar Schritte weg von den stolzen Fassaden der würdevoll restaurierten Häuser nahe der barocken Kathedrale Sainte-Marie-de-l'Assomption und der Rokoko-Kapelle Sainte-Croix, gelangt man in das eigentliche Wohnquartier, dessen Verfall unübersehbar ist. Schlaff hängende Elektrokabel verknäueln sich an Fassaden, der oft ohnehin löchrige Putz blättert ab und so manche Fenster und Eingänge wurden notdürftig mit Brettern zugenagelt. Dazu im Widerspruch lugt aus einer niedrigen und schmalen Garage eines verwahrlosten Hauses die Motorhaube eines luxuriösen Zweisitzers hervor. Auch mischen sich in die Zeichen von Vernachlässigung oder Armut in der zweitgrößten Stadt der Insel, deren Wirtschaftskraft vorrangig vom Sommertourismus erarbeitet wird, lachende Kinderstimmen, viele Kinderstimmen. Hübsch gekleidete Schülerinnen flanieren beschwingt, sich kichernd umfassend, Schultaschen schlenkernd, durch eine Gegend, in die sich Touristen selten verirren. Umso authentischer sind die Einblicke, welche Flaneure in diesem Viertel vom alltäglichen Dasein korsischer Familien zwischen Not und Lebensfreude gewinnen können.

TIPP

Der Verein Renaissance de l'Orgue Corse veranstaltet Orgelkonzerte in vielen Kirchen Korsikas.

● Stadtviertel Terra Nova, 20200 Bastia
● ÖPNV: Bus A, B, 3, Haltestelle Gaudin oder Piazza d'À

Flanieren und shoppen

63 Auf der Place du Marché in Bastia

Etwas geruhsamer und zugleich anheimelnder als auf der riesigen Place Saint-Nicolas geht es in Bastia auf der ebenfalls von Cafés und Brasserien umgebenen Place du Marché (von den Einheimischen *U Mercà* genannt) zu, wo samstags und sonntags ein großer Wochenmarkt und im Dezember ein Weihnachtsmarkt stattfindet. Die mit alten, hohen Häusern, teils aus dem 17. Jahrhundert dicht umbaute frühere Place de l'Hôtel de ville verlor diesen Namen, als die *mairie* in ein modernes Rathausgebäude an der Avenue Pierre Giudicelli umzog. Das nahm dem Marktplatz ein wenig an Umtriebigkeit und schenkte ihm ein Ambiente der Gelassenheit, eine Ruhezone mit einem modernen Springbrunnen am südlichen Ende, die selbst in der touristischen Hochsaison nicht minder erholsam ist.

Jedes Jahr am 23./24. Juni begeht Bastia sein großes Johannifest, bei der die Figur des Heiligen Johannes des Täufers in einer Prozession aus der doppeltürmigen Kirche Saint-Jean-Baptiste über den Marktplatz zum Alten Hafen getragen wird. An diesem Tag werden auch Schiffe getauft, junge Leute nehmen ihr erstes Bad im Meer, es gibt ein Feuerwerk und ein Volksfest mit *bal populaire*.

Die schönsten Boutiquen für Schuhe und Textilien sowie andere inspirierende Geschäfte entdeckt man an der Haupteinkaufsstraße Boulevard Paoli und an der schmaleren Rue Napoléon. In dieser Straße befinden sich zwei Kapellen, Oratoire Saint-Roch (1604, Foto), dem Schutzheiligen der Pest geweiht, und Oratoire de l'Immaculée Conception (1609) mit einer Marienstatue, die am 8. Dezember anlässlich Mariä Empfängnis zur Église Saint-Jean-Baptiste getragen wird. Während des kurzen britischen Intermezzos auf Korsika (1794–1796) tagte das englisch-korsische Parlament in dieser Kapelle. Ein provisorischer Thron für Georg III., König von Großbritannien, Irland und Korsika, erwartete den Regenten (vergeblich) vor dem Altar, und auf der italienischen Orgel wurde vor jeder Sitzung *God save the King* angestimmt.

TIPP

Was in Bastia kulturell los ist, steht im Veranstaltungskalender (https://agenda.bastia.corsica).

● Place du Marché mit Église Saint-Jean-Baptiste, 20200 Bastia
Oratoire Saint-Roch, Rue Napoléon, 20200 Bastia
● ÖPNV: Bus 3, Haltestelle L'Altu da Pià

Altes Antlitz

64 Zeugen der Vergangenheit im Museum von Filitosa

Dolmen, Steingräber, Menhire, Zyklopenmauern. Gewaltige Tafoni, durchlöcherte Steine, deren in Jahrtausenden gebildete Hohlräume bizarre Formen angenommen haben: ein Dinosaurier, eine Hand, ein Vogel. Korsika besitzt nicht nur einen reichen Schatz an prähistorischen Funden, sondern lässt auch seine Besucher daran teilhaben. Man darf nach Herzenslust auf den archäologischen Ausgrabungsstätten herumspazieren: Cucuruzzu, Castello die Capula, Cauria, Palaggiu. Das höchste der Gefühle vermittelt ein Spaziergang über Stock und Stein, Hügel und Tal im Filitosa-Park und ein Besuch des 350 Quadratmeter großen Museums mit Originalfundstücken und Informationen über die Besiedlung.

Aus der Fundsammlung stechen die Statuen Filitosa V – drei Meter hoch, zwei Tonnen schwer, mit Dolch und Schwert – und Filitosa IX hervor, der Menhir mit den besterhaltenen Gesichtszügen. Die höchste Dichte an maskierten Granitsteinen im Mittelmeerraum, nämlich 258 Menhire, fand die Expedition von Roger Grosjean in den 1960er-Jahren im Alignement de Palaggiu südlich von Propriano. Erst 1946 hatte der Kastanien- und Olivenbauer Charles-Antoine Cesari auf seinem Grundstück bei Filitosa einige längliche, von Menschenhand bearbeitete Granitblöcke entdeckt. Er zeigte sie Lady Dorothy Carrington, die gerade die Insel besuchte. Die Engländerin war wie elektrisiert, zunächst von der „arkadischen" Landschaft, „in der nur ein Flöte spielender Schäfer fehlte". Und dann sah sie „diese rudimentären und rätselhaften Abbilder". Es war Liebe auf den ersten Blick. Carrington verließ die Insel bis zu ihrem Tod nicht mehr und widmete sich als Ethnologin und Historikerin ganz dem korsischen Kulturerbe, über das sie auch Bücher verfasste. Vor allem sorgte sie dafür, dass der Archäologe Roger Grosjean das „Arkadien" zu sehen bekam – auch er fand damit von 1954 bis zu seinem Tod seine Lebensaufgabe. Die Familie Cesari stiftete das Gelände und errichtete das Museum Filitosa, das sie bis heute leitet. Welch ein Glück!

TIPP

Auf dem Gelände Filitosa pflegt die Familie Cesari einen 1200 Jahre alten Olivenbaum.

● Musée et Site préhistorique de Filitosa, D57, 20140 Sollacaro, www.filitosa.fr

Tauchspots vor Bergkulisse

65

Die Plage de Bussaglia in der Bucht von Porto

Der Golf von Porto ist Teil des Regionalen Naturparks Korsika und wurde wegen seiner Nähe zum Naturschutzgebiet Scandola wie dieses von der UNESCO in die Liste des Naturwelterbes aufgenommen. Im Unterschied zu Scandola ist Tauchen im glasklaren Wasser der Bucht bis zur Punta Muchillina gestattet. Tatsächlich gibt es etwa 20 Tauchspots, die in die bunte und vielseitige Unterwasserwelt der Fischschwärme und Korallengärten führen, und zwar in einer sensationell niedrigen Tiefe von weniger als 30 Metern. Man kann sich zum Beispiel den Monte-Rosso-Felsen, der Teil der Calanche zwischen Piana und Porto ist, von unten ansehen und dabei Langusten begegnen und gelbe Anemonen betrachten. Anfänger und Fortgeschrittene finden in dieser Gegend professionelle Anleitung und Begleitung, sogar für Kinder gibt es Kurse.

Für diejenigen Wasserratten, die lieber den Kopf im Freien behalten möchten, bietet die Bucht genügend Strände. In ihrem Norden breitet sich der herrlich lange und breite Kieselstrand Bussaglia (Foto) mit den beiden Restaurant-Terrassen Les Galets und Mare e Chiare aus. Etwa anderthalb Kilometer davon entfernt liegt die Plage de Caspiu zwischen von Macchia bedeckten Hügeln. Sie ist noch ruhiger und kann ebenfalls mit einem Restaurant aufwarten. Ein Stück davon entfernt kann man am Kieselstrand Gradelle baden. Südlich von Porto direkt bei Piana führt eine kleine Straße ins Herz der Calanche zur Marina Ficajola und dem gleichnamigen Sandstrand mitten zwischen roten Porphyrfelsen – ein traumhaftes Plätzchen Erde. Plage d'Arone 12 Kilometer westlich von Piana ist weitläufiger als Ficajola und vor allem der einzige Sandstrand der Bucht von Porto und einer der ganz wenigen, die per Boot erreicht werden können und Ankerplätze haben. Im Golf von Girolata führt ein Maultierpfad vom Col de la Croix zum Tuara-Sandstrand, eine anderthalbstündige Wanderung, die man nach einem erfrischenden Bad bis in die Bucht von Girolata fortsetzen kann (Trinkwasser nicht vergessen!).

TIPP

Schiffsausflüge bieten die Bootsführer von L'Alpana und Le Pass' Partout in Porto an.

● Plage Bussaglia, Bar-Pizzeria Les Galets, Paillote Mare e Chiare, 20147 Serriera

Fromme Ehrfurcht

66

Kirchen und religiöses Leben in Bonifacio

Wenn an einem lauen Sommerabend, etwa an Johanni, in der Rue Saint-Dominique die Gastwirte schnellstmöglich ihre Markisen einziehen, dann naht eine der typischen, aus der Neuzeit ins Mittelalter zurückgefallenen kleinen Prozessionen einer der fünf *confréries* von Bonifacio. Schwarz gekleidete Männer der Bruderschaft Saint-Jean-Baptiste schleppen unter eintönigen Gesängen ein riesiges Kreuz und eine 500 Jahre alte hölzerne Johannes-Skulptur durch die Gassen. Für einen kurzen Moment erstirbt das Stimmengewirr auf den Terrassen, bis das Grüppchen hinter der nächsten Biegung verschwunden ist und die Markisen wieder ausgefahren werden. Die Laien-Bruderschaften gibt es seit dem 13. Jahrhundert auf Korsika, sie widmen sich „frommen Praktiken oder wohltätigen Werken".

Mehrmals im Jahr zu bestimmten Festtagen ziehen sie mit Reliquien zu Ehren ihrer Heiligen durch die Straßen. Ein Großteil der überwiegend römisch-katholischen Korsen ist nach wie vor tief religiös, und wer es nicht ist, respektiert trotzdem die korsischen Glaubensrituale. Bonifacio besitzt fünf Kirchen und die Kapelle Saint-Roch, irgendwo läutet immer gerade eine Glocke. Das wohl älteste Gebäude der Felsenstadt ist die romanische Église Sainte-Marie-Majeure mit einem quadratischen weißen Campanile. Sie verfügt über ein prächtiges Renaissance-Tabernakel, aber am meisten Erstaunen erregt die vorgelagerte loggia mit Rundbogenarkaden, früher ein Versammlungsort und Gerichtsplatz direkt über einer 650 Kubikmeter großen historischen Zisterne. Apropos Wasser: Die eigenartigen Bögen über manchen Gassen sind Wasserleitungen, die früher Regenwasser in Hauszisternen leiteten. Besondere Aufmerksamkeit verdient die Église Saint-Dominique (Foto), das einzige Bauwerk der Insel mit gotischen Stilelementen aus dem 13. Jahrhundert, das reich mit italienischer Malerei und schweren Skulpturen ausgestattet ist, manchmal finden dort Konzerte statt. Zur Église Saint-Erasme im Hafengebiet gehört die Bruderschaft der Fischer und Seefahrer.

TIPP

Familiäres Ambiente hat das Restaurant U Castillè in einem Steingewölbe der Gasse Simon Varsi.

● Saint-Jean-Baptiste, Sainte-Marie-Majeure, Sainte-Croix, Saint-Dominique und Saint-Erasme, 20169 Bonifacio

● ÖPNV: Petit Train zwischen Hafen und Altstadt

Falsche Wüste, echte Natur

67

Ein Tag im Désert Les Agriate

Rund 37 Kilometer freie Küste, Sandstrände zum Träumen, türkisfarbenes Wasser, keine Gebäude, keine Straßen, frischer Wind, Sonne pur, ein Duft nach Lavendel, Salbei, Minze, Rosmarin, Myrten. All das mitten in Europa. Die Rede ist vom Désert Les Agriate, einer „Wüste", die keine ist, sondern ein lebendiges Biotop zwischen Balagne und Nebbio im Norden von Korsika, mit 32 versteckten Quellen und 27 verborgenen Brunnen. *Agriate* bedeutet „bestelltes Land", und tatsächlich bewirtschafteten hier einst Bauern aus Saint-Florent und vom Cap Corse Kornfelder, bauten Oliven, Wein und Gemüse an. In den Wintermonaten weideten Schafe und Ziegen in den Agriate, während ihre Hirten in niedrigen Steinhütten, den *pagliaghj,* hausten.

Zur unbeackerten „Wüste" verwandelte sich die „Kornkammer Korsikas" seit den 1920er-Jahren. Brandrodung und Bodenerschöpfung waren zwei Ursachen. Vor allem hatte Korsika besonders hohe Verluste im Ersten Weltkrieg zu beklagen, den Höfen fehlte der Nachwuchs, sodass die Felder nach und nach verdorrten und von wilder Macchia überwuchert wurden. An Fantasmen und Investoren zur Lückenfüllung fehlte es nicht, zu den Horrorszenarien gehörten eine Atomversuchsanlage und ein Feriensilo. Rettung kam in letzter Minute: 1979 deklarierte die staatliche französische Küstenorganisation 5700 der 15.000 Hektar zum Naturschutzgebiet. Dazu zählen die gesamte Küste, das Ostriconi-Tal im Westen, Saint-Florent und die Nebbio-Ebene im Osten.

Wildes Camping, Biwakieren und Feuer sind strengstens verboten, immerhin gibt es Campingplätze. Auf zwei sehr holprigen Pfaden darf man mit Allradfahrzeugen, Quads oder E-Bikes an die Strände Saleccia und Lotu fahren. Wandern ist erlaubt, vorzugsweise entlang der Küste auf den *sentiers du littoral.* Zu Fuß quer durch die Macchia zu streifen ist gefährlich, man kann sich verlaufen, und in einem Flächenbrand wäre man verloren. Ein wunderbares, wenn auch teures Erlebnis gerade auch mit Kindern ist es, per Ausflugsboot oder Wassertaxi an einen der Traumstrände zu fahren und den Tag dort zu verbringen.

TIPP

Eine West-Ost-Fahrt auf der D81 mit Haltebuchten erlaubt herrliche Blicke auf Agriate und Nebbio.

● Désert Les Agriate, 20246 Santo-Pietro-di-Tenda
camping-uparadisu.com, village-ostriconi.com
● ÖPNV: Taxiboote ab Saint-Florent

Ein pisanischer Schatz

68

Das Mandeldorf Aregno in der Balagne

Eine männliche Figur, die sich einen Dorn aus dem Fuß zieht. Eine Frau im langen Rock, die ihre Hände in die Hüften stemmt. Eine andere Person mit einem Stab oder einer Rolle. Ein stattlicher Mann, der sich einen Fuß übers Knie legt. Seltsame menschliche und tierische Skulpturen, für die niemand bislang eine symbolische Erklärung fand, schmücken die Portalfassade und die Seitenwände der hervorragend erhaltenen romanisch-pisanischen Église de la Trinité. Damit besitzt das Balagne-Dorf Aregno die Verantwortung für ein ganz besonderes Erbe, einen auf 1177 datierten Bau. Das polychrom aus verschiedenfarbigen Granitquadern zusammengesetzte Mauerwerk erinnert an die etwas jüngere Kirche San Michele de Murato im Nebbio. Das Innere der Kapelle birgt zwei Fresken aus dem 15. Jahrhundert, die im Unterschied zu den weltlichen Außenskulpturen eindeutig sakrale Motive wiedergeben. Eine Darstellung zeigt den Heiligen Michael mit einer Seelenwaage und als Drachentöter, eine andere die vier Kirchengelehrten Augustinus, Gregor, Hieronymus und Ambrosius.

Während ihrer kurzen 200-jährigen, überwiegend friedlichen Verwaltungszeit ließen die pisanischen Herren zahlreiche Kirchen und Kapellen in den Küstenregionen der Insel bauen. Sie verfolgten einen Zweck, nämlich die vor den häufigen Piratenüberfällen in die Berge geflohenen Menschen zu bewegen, sich wieder in Meernähe anzusiedeln. Vor allem im Nebbio, in der Castagniccia und der Balagne zeigt sich der Einfluss pisanischer Architekten, Handwerker und Bildhauer vom Festland. Bedauerlicherweise wurden die meisten der romanischen Kirchen während der Kämpfe der Feudalherren und der Kriegsgetümmel Genuas mit Pisa zerstört. Schon deshalb kann sich Aregno mit diesem architektonischen Kleinod glücklich schätzen. Anfang August findet im Dorf immer ein großes Mandelfest statt, mit Marktbetrieb, Vorträgen, Konzerten und weiteren Programmpunkten. Die Schönheit der Mandelblüte im Februar im Mittelmeerraum ist legendär, so auch in der Balagne.

TIPP

Das Restaurant de la Place serviert reichliche und deftige (Fleisch-) Menus und Holzofen-Pizza.

- 20220 Aregno mit Église de la Trinité, D151
- ÖPNV: Bahn Calvi–L'Île-Rousse, Haltestelle Plage d'Aregno (ca. 6 Kilometer Fußweg)

Edler Roter, süffiger Rosé

69

Korsische Weine verkosten

Wein nach Korsika mitzubringen, hieße Eulen nach Athen tragen. Auch ein noch so bescheidenes Camper-Picknick mit *brocciu* oder *charcuterie corse,* mit Macchiahonig, Feigen- und Kastanien-*paté,* mundet umso besser mit einem Glas korsischem Rebensaft. Die frühesten Weinreben importierten die Griechen vor 2500 Jahren, die Römer wiederum exportierten korsischen Wein nach Italien. Heutzutage goutieren Festland-Franzosen in der klassischen Tester-Reihenfolge Auge–Nase–Gaumen die außergewöhnlichen Aromen des Inselweins, obwohl dieser nur ein Prozent der Landesproduktion ausmacht. Sechs der 33 Rebsorten werden fast ausschließlich auf Korsika angebaut, sie tragen so illustre Namen wie Niellucciu, Sciaccarellu, Vermentinu, l'Aleaticu, Biancu Gentile oder Muscat petits grains. Neun Lagen dürfen das Herkunftsprädikat *Appelation d'Origine Protégée* führen, fünf davon in der Kategorie AOP Village: Calvi, Coteaux-du-cap-Corse, Figari, Sartène und Porto-Veccio. Der fruchtig-süße Dessertwein Muscat du cap Corse trägt die Appelation *Vin Doux Naturel.*

TIPP

Kellereien in Patrimonio: Le Clos de Bernardi, Le Clos Orenga de Gaffory, Le clos Montemagni.

Die größte Menge an süffigen Rebenalkoholika, die mit dem niedriger eingestuften IGP-Label Vin de Corse versehen sind, wird in der östlichen Ebene produziert. Als hochwertig qualifizierten sich die Weine aus Ajaccio und Patrimonio mit der Auszeichnung *AOP Cru.* Anfang Juli laden die Winzer von Cap Corse zum Weinfest nach Luri mit Verkostung, Musik und einem großen Markt ein.

Ein erstaunliches Bild zeichnet die korsische Weinstatistik: 293 Produzenten, darunter 133 selbstständige Winzer und 160 Kollegen in vier Kooperativen, erwirtschaften jährlich mehr als 375.000 Hektoliter Rebensaft auf 5798 Hektar Flächen. 70 Prozent der Trauben werden zu Rosé verarbeitet, nur 17 Prozent zu Rotwein und 13 Prozent zu Weißwein und Likör, abgefüllt in 50 Millionen Flaschen. Ein Drittel der Produktion wird auf der Insel ausgeschenkt, fast die Hälfte aufs französische Festland transportiert und ein Fünftel geht in den weltweiten Export. Na dann: *saluti!*

● Korsischer Wein, Weinmesse Fiera Di U Vinu, Port de Santa Severa, 20228 Luri (Cap Corse), www.luri.fr/fiera-di-u-vinu/
● ÖPNV: Bus Bastia–Luri

Ein fescher Mann?

70 Die Skulptur des Herzogs von Padua in Corte

Auf einem Platz seitlich des Cours Paoli in Corte mit einigermaßen gepflegten Stadthäusern (im Gegensatz zur eher heruntergekommenen Umgebung der zentralen Place Paoli) posiert eine in der Sonne schimmernde Bronzefigur, die glänzt wie neu. Dargestellt ist ein attraktiver Mann in seinen besten Jahren, der sich locker einen langen Mantel über die Schulterpolster geworfen hat, Schaftstiefel trägt und nachdenklich vor sich hinblickt. Der General und Politiker Jean Toussaint Arrighi de Casanova, Herzog von Padua, wurde 1778, neun Jahre nach seinem direkten Cousin Napoléon Bonaparte in Corte geboren. Abgesehen von seinen politischen und militärischen Leistungen, für die er unter anderem mit diesem Denkmal geehrt wurde, ist der einstige Duc de Padua als Persönlichkeit heute wohl nur noch für die Forschung von Bedeutung, was der eindrucksvollen Plastik aber keinen Abbruch tut.

Das Denkmal schuf 1867 ein berühmter Bildhauer, der Vater der Freiheitsstatue auf Liberty Island in New York, die 1886 von Frankreich an die USA als Geschenk übergeben wurde. Bei seiner Arbeit am Duc de Padou erlaubte sich der Elsässer Frédéric-Auguste Bartholdi allerhand Freiheiten. Er stellte die Physiognomie des Generals wesentlich attraktiver dar, als sie höchstwahrscheinlich in Realität war, wie ein zeithistorisches Porträtgemälde des Duc beweist, auf dem der mehrfach Kriegsverletzte wohl keinen Schönheitswettbewerb gewinnen würde. Nicht nur, dass das edle Antlitz der Figur uns möglicherweise eine Illusion vorgaukelt, auch der Standort an der Place Duc de Padoue scheint keinen Sinn zu machen. Tatsächlich wurde der Herzog im Haus Nummer 1 der Place d'Armes in der Nähe des Palais National vor dem Eingang zum Zitadellen-Museum geboren, wo auch Joseph Bonaparte, der spätere König von Spanien, zur Welt gekommen war. Jean Toussaint profitierte von der illustren Nachbarschaft als Waffenbruder Napoléons und als Botschaftssekretär in Rom, er errang viele Orden und wurde als Vertreter Korsikas in die Pariser Assemblée Nationale gewählt. Schönheit siegt eben nicht immer.

TIPP

Die Place d'Armes hieß früher Place du Poilu – poilu ist ein Frontsoldat des Ersten Weltkriegs.

- Denkmal des Herzogs von Padua, Place Duc de Padou, 20250 Corte
- ÖPNV: Bahn Bastia–Corte–Ajaccio

SALHIEH JAFFA
S^T JEAN D'ACRE
MARENGO
WERTINGEN
AU GENERAL
ARRIGHI DE CASANOVA
DUC DE PADOUE
SES CONCITOYENS
MDCCCLXVII
SOUSCRIPTION NATIONALE

Perdono mio Dio

71

Die Kreuzwegsprozession in Sartène

Wenn sich an Karfreitag hoch über dem Rizzanèse-Tal die graue Dämmerung über die stolze Stadt Sartène legt, beginnt ein selbst in der katholischen Welt der europäischen Mittelmeerländer ungewöhnliches Spektakel. Nach Stunden des Wartens, währenddessen nach und nach in den Fenstern der Häuser Kerzen angezündet werden, geht gegen 21.30 Uhr ein Raunen durch die Menge hunderter Pilger, Korsen und Touristen, die sich erwartungsvoll auf der Place Porta drängen. Als ein rasselndes Geräusch ertönt, bekreuzigen sich viele. Umgeben von einer Prozession tritt unter dem monotonen Sprechgesang des *perdono mio dio* der *Catenacciu,* der Gekettete, langsam aus der Église Sainte-Marie, die passenderweise an der Rue du Purgatoire (Straße des Fegefeuers) steht. Der in einem blutroten Gewand und einer Kapuze mit kleinen Sehschlitzen verhüllte, barfüßige Büßer hat ein 37 Kilo schweres, mittig eisenverstärktes Holzkreuz geschultert. Hinkend schleift der *pénitent* am rechten Fuß eine 17 Kilo schwere Eisenkette übers Pflaster. Hinter ihm geht, versteckt unter einem weißen Kapuzenmantel, der „kleine Büßer", der wie Simon von Kyrene in der biblischen Geschichte, dem „großen Büßer" auf seinem Leidensweg behilflich ist. Wer sich unter den Kapuzen verbirgt, ist nur dem Priester bekannt, offenbar gibt es eine lange Warteliste mit Bewerbern aus aller Welt, die den 1,8 Kilometer langen Kreuzweg begehen möchten. Zur Inszenierung gehört auch ein dreimaliges Stürzen wie Jesus auf seinem Kreuzweg. Abschließend predigt der Priester auf der Place Porta.

TIPP

Das Kreuz kann man besichtigen, es hängt links vom Eingang an der Kirchenwand, daneben die Kette.

Sartène ist nicht der einzige Ort auf Korsika mit einer derart spektakulären Karfreitagsprozession. Noch authentischer gestaltet sich das religiöse Event im Castaniccia-Dorf Bisinchi. Das dortige Kreuz ist 45 Kilo schwer, der Büßer trägt je 15 Kilo schwere Ketten an beiden Füßen und Händen, und – der Höhepunkt der Schaulust – er wird sogar gekreuzigt, scheinbar echt dringen dicke Nägel in seine Hände. Vor ihm kniet betend eine Mutter-Maria-Darstellerin. Gruselig.

- Kreuzwegsprozession, Église Sainte-Marie (Santa Maria Assunta), Rue du Purgatoire/Place Porta, 20100 Sartène
- ÖPNV : Bus ab Propriano, Bonifacio, Porto Vecchio, Ajaccio

Über Klippen musst du gehn

72

Spaziergang zum Leuchtturm Pertusatu

Kallisté, die Schönste, nannten die Griechen Korsika. Die schönste aller Inseln gehörte bis zur Abspaltung der korsisch-sardischen Platte vor 11,5 Millionen Jahren zum heutigen Südfrankreich. Der Kalksandstein, der die Gegend um Bonifacio so überaus spektakulär formt, gleicht der Gesteinsart im Norden Sardiniens. Wer Lust auf eine Klippenwanderung hoch oben über dem azurblauen Meer hat, kann in Bonifacio sogleich zu Füßen der Altstadt losgehen. Die *promenade des falaises* startet an der weißen Chapelle Saint-Roch und geleitet uns etwa anderthalb Stunden auf nicht immer eindeutigen Pfaden, die aber alle zum Cap und Leuchtturm Pertusato führen. Bei Hitze unbedingt daran denken, Wasser und eine Kopfbedeckung mitzunehmen, die Sonne sticht unbarmherzig in der schattenlosen (und extrem brandgefährdeten) Macchia.

TIPP

Vom Leuchtturm aus führt ein Weg hinab zu flachen Felsen und zum Sandstrand Saint-Antoine.

Die dem Schutzpatron der Pestkranken geweihte Kapelle Saint-Roch ist ein wahrer Blickfang, sie wurde 1528 an der Stelle erbaut, an der das letzte Pestopfer der größten Epidemie, die Bonifacio je erlebt hat, gestorben war. Von der Kapelle aus, in deren Mauer eine Ruhebank eingepasst wurde, bietet sich ein grandioser Ausblick auf die zerklüftete Küste, über die wir gleich spazieren werden. Rechter Hand im Meer liegt *U diu grossu,* ein dicker Finger auf Korsisch, *grain de sable,* Sandkorn auf Französisch. Das Finger-Felsstück war irgendwann durch Erosion ins Meer gestürzt und ist nicht die einzige fantasieanregende Zufallsform, wie auch der Felsbrocken *isola nave* unterhalb des Leuchtturms, der wie ein elegantes Schiff aussieht.

Der Weg zum Capo Pertusato schlängelt sich überwiegend nah an der Abbruchkante entlang nach Osten, teils durch Steinmäuerchen und Drahtzaun gesichert, teils frei und gefährlich für Übermütige. Am Leuchtturm angekommen, eröffnet sich ein neuer Panoramablick, jetzt auf die Lavezzi-Inseln und die sardinische Silhouette in der nahen Ferne. Und wenn dann gerade die Sonne ins Meer sinkt, ist das Glück perfekt.

● Leuchtturm Pertusatu, Capo Pertusato, Chapelle Saint-Roch und Mont Saint-Roch, 20169 Bonifacio

Lernen und Leben in Corte

73 Die Università di Corsica Pasquale Paoli

Nachdem Pasquale Paoli mit seiner Truppe von Guerillakämpfern und militärischen Experten wie General Gian Pietro Gaffory die genuesischen Herren an die Küsten zurückgedrängt hatte, begann er 1755, ein Staatswesen mit der ersten demokratischen Verfassung Europas zu regieren. Er gründete Volksschulen und 1765 sogar eine Universität und ließ eigene Münzen prägen. Allerdings musste die Universität bereits vier Jahre nach der Gründung ihre Tore schließen. Genua hatte Frankreich die Oberhoheit überlassen, und der korsische Widerstand war in der Schlacht bei Ponte Novu gebrochen worden. Erst 1981 erwachte die Hochschule als Università di Corsica Pasquale Paoli aus dem Dornröschenschlaf, woran korsische Aktivisten und Anhänger der *corsitude,* einer Bewegung zur Stärkung des korsischen Nationalgefühls, erheblichen Anteil hatten. Jahrelang hatte das Thema der Wiedereröffnung in den politischen Gremien gebrodelt.

TIPP

Die Hängebrücke Passerelle über Restonica und Tavignano verkürzt den Weg vom Bahnhof zur Universität.

Diese Geschichte erklärt, warum nicht eine der moderneren Küstenstädte zum Standort der einzigen Hochschule Korsikas, der kleinsten Frankreichs, erwählt wurde, die für den wissenschaftlichen Austausch mit Forschern vom Kontinent eher geeignet gewesen wären als die abgelegene Stadt im bergigen Hinterland. Für Corte aber war diese Wahl ein unschätzbarer Glücksfall, denn dadurch belebte sich der Ort, der bis in die 1960er-Jahre hinein ein stilles Dasein fernab vom Tourismus fristete, ganz enorm.

In zehn Fakultäten und Instituten, die in Gebäuden am linken Ufer des Tavignano untergebracht sind und die wichtigsten akademischen Fachrichtungen abdecken, studieren heute 4600 junge Leute. Die Unibibliothek verfügt nicht nur über Fachliteratur zu den Fakultätsthemen, sondern auch über 7500 Forschungsdokumente – Bücher, Broschüren, Dissertationen, Zeitschriften und DVDs – über Korsika, die auch von einer allgemeinen Öffentlichkeit genutzt werden können. Das älteste Buch, *La Historia di Corsica,* stammt von 1594 – Gänsehaut für bibliophile Menschen.

- Université de Corse Pasquale Paoli, Campus Mariani, Avenue Jean Nicoli, 20250 Corte, www.universita.corsica.fr.
- ÖPNV: Bahn Ajaccio–Bastia mit Halt in Corte

UNIVERSITÀ
DI CORSICA

Alta-Rocca-Basislager

74 Zonza – letzte Station vor dem Bavella-Pass

Namen wie Canyon du Polischellu, Canyon de la Vacca, Canyon de la Purcaraccia lassen Abenteurerherzen höherschlagen. Die bergige Alta-Rocca-Landschaft mit Wäldern und Schluchten ist nicht nur das vielseitigste Wandergebiet Korsikas, sondern auch ein Eldorado für Wildwasserfans. Am Bavella-Pass liegt eine Einstiegsstelle in die Mitte der vorletzten Etappe 15 des Fernwanderwegs GR20. Ohnehin ist der nördlich von Vizzavona nur für Profis empfohlene schwierigste Wanderweg Europas im südlichen Teil leichter und auch für Amateure zu bewältigen.

Die meisten Wander- und Wassersportler laden nochmal in Zonza, dem letzten Ort unterhalb des Passes, ihre Energien auf. Im Laufe der Zeit entwickelte sich Zonza zu einem *village carrefour*, einem umtriebigen Knotenpunkt mit drei Campingplätzen, Hotels, Bars und Läden. Neben einigen einfachen Lokalen verwöhnt das Restaurant L'Aiglon mit gehobenen Gaumenfreuden. Das hübsche Levie, der eigentliche Hauptort der Alta-Rocca mit schwächerer touristischer Infrastruktur, dämmert derweil in einem ruhigen Provinzschlaf.

TIPP

Auf alten Maultierpfaden bietet die Eselfarm Alta Rocc'ânes in Serra di Scopamène Eselwanderungen an.

Zwei Dinge sind mit dem Namen Zonza eng verknüpft: Pferdesport und Résistance. Etwas außerhalb in Viséo traben und galoppieren Pferde über die höchste Rennbahn Europas. An Sonntagnachmittagen reisen Familien mit Kind und Kegel zu dem Hippodrom, ein Picknick im Gepäck, um sich der Lust des Beobachtens und Wettens hinzugeben. Generell spielen die *course de chevaux* in Frankreich eine große Rolle, die Sportseiten der Zeitungen sind mit langen Ergebnislisten gefüllt. Mitten in Zonza zeigt ein Schaufenster einige schwere deutsche Waffen. Es gehört zum kleinen Musée de la Résistance Corse, das an die heroische Rolle der korsischen Partisanen erinnert, die Korsika 1943 mit der Waffenhilfe der Forces françaises libres (FFL) als erste französische Region von der deutschen Okkupation befreiten, etwas, das im Bewusstsein der Korsen sehr lebendig ist. Im Oktober 1943 besuchte General De Gaulle Zonza.

● 20124 Zonza mit Hippodrome Viséo, www.hippodrome-zonza.fr
Asinerie Rocc'ânes, 20127 Serra di Scopamène, www.altaroccanes.com
● ÖPNV: Bus Propriano–Zonza–Porto Vecchio

Der Kopf des Kaisers

75

Napoleon-Kult im Musée Fesch in Ajaccio

Direkt hinter der Flügeltür zum Raum Second Empire (Zweites Kaiserreich) im Erdgeschoss des Musée Fesch ruht ein überdimensionales Napoleonhaupt aus Bronze mit Zweispitz auf einem kleinen Podest, als wäre es dort abgelegt und vergessen worden. Tatsächlich erlebte der leicht ramponierte Dickschädel eine abenteuerliche Odyssee, bevor er auf seine alten Tage in der Napoleon-Abteilung des Musée des Beaux-Arts strandete. Ursprünglich schmückte der Kopf seit 1833 eine enorm große Statue auf der Pariser Place Vendôme. Als 1870 deutsche Truppen Paris umzingelten, wollte eine Gruppe von Künstlern das Werk in Sicherheit bringen, bei diesem Transport stürzte der schwere Kopf in die Seine. Er konnte zwar geborgen werden, wurde aber wegen seiner Beulen und Blessuren nach dem Krieg für das Denkmal durch eine Kopie ersetzt. 1923 schließlich sandte man den unnützen Schädel nach Ajaccio, wo er viele Jahre in dunklen Ecken dümpelte, um schließlich einen würdigen Platz im Musée Fesch zu finden. Welch ein Abenteuer!

TIPP

In der Krypta der Kapelle im rechten Palastflügel ruhen Joseph Fesch, Letizia und weitere Bonapartes.

Die Bonaparte-Dauerausstellung im Musée Fesch erfreut Napoleon-Fans auf besondere Weise. Dort hängen zahlreiche Gemälde des Korsen und seiner Familie, darunter das berühmte Bild von François Gérard, das Napoleon I. im prunkvollen Krönungshabit zeigt. Dank einer gelungenen musealen Gestaltung wandelt sogar manch Museumsmuffel staunend durch den kunstlichtdurchfluteten Korridor und bewundert die Persönlichkeiten der Bonaparte-Sippe. Am Ende des breiten Ganges erhebt die weiße Marmorfigur eines in eine Toga gehüllten Jérôme Bonaparte ihren rechten Arm und zeigt gebieterisch auf das Ölporträt der glücklich lächelnden Madame *la Mère assise*, der sitzenden Letizia Bonaparte. Ihre Söhne Joseph, Louis und Jerôme waren vom brüderlichen Kaiser zu Königen (von Neapel, Spanien, Holland und Westfalen) und Lucien zum französischen Innenminister ernannt worden. Die Töchter Elisa, Pauline und Caroline verheiratete Napoleon mit italienischen Fürsten und Großherzögen.

● Napoleon-Sammlung und Chapelle impériale im Palais Fesch, 50–52, Rue Cardinal Fesch, 20000 Ajaccio, www.musee-fesch.com
● ÖPNV: Bus 2, Haltestelle Saint-Roch

Barocke Pracht auf dem Dorf

76

Kirche und Glockenturm in La Porta

Von Weitem schon lugt der braungraue, mit 45 Metern höchste Glockenturm Korsikas aus der dicht bewaldeten Castagniccia hervor. Er ist ungewöhnlich üppig mit Nischen, Säulen und Schnecken verziert. La Porta ist eine in spätgenuesischer Zeit angelegte Siedlung, deren Einwohnerzahl mittlerweile unter die 200-Seelen-Marke gerutscht ist. Die Häuser des idyllisch an einer serpentinenreichen Nebenstraße liegenden Dorfes kleben verstreut an den Hängen des Monte San Petrone. Den Dorfplatz dominiert die nach Plänen des Architekten Domenico Baïna aus Como 1707 vollendete Église Saint-Jean-Baptiste, die einhellig als eine der, wenn nicht die schönste Barockkirche der Insel gerühmt wird. Die in Gelb und Weiß renovierte Fassade ist reichhaltig mit Muscheldekor, Voluten, Pfeilern und Kapitellen geschmückt. Das eigentliche Erlebnis bietet jedoch das überquellend barock ausgestattete Innere. Die farbliche Opulenz der illusionistischen Malerei am Gewölbe und in den sechs Seitenkapellen ist verblüffend. Es finden sich Fresken, echte und kopierte Gemälde aus dem 16./17. Jahrhundert, die dramatische Szenen aus der christlichen Geschichte abbilden (so etwa das Altarbild der Enthauptung Johannes des Täufers) und ein wenig Sakralnippes wie die Statuen der Heiligen Dévote und der Jeanne d'Arc. Die 1963 restaurierte Orgel von 1780 hinter prächtig bemaltem Prospekt stammt aus der zerstörten Klosterkirche Casabianca.

TIPP

Regionale Produkte servieren die Osteria L'Apollu und das Restaurant L'Ampugnani, jeweils mit Terrasse.

Schockierend ist allerdings der sehr schlechte Zustand der Wände, von denen die Farben abblättern, der Putz bröckelt. Die Dorfbewohner gründeten daher einen Förderverein, um den fortschreitenden Verfall ihres Kleinods aufzuhalten. Eine überregionale Mitstreiterin ist die in der Balagne lebende Schweizer Kunsthistorikerin und Bauforscherin Monique Fontana. Sie berichtet, dass die Insel über etwa 1000 barocke und barockisierte Kirchen verfügt. Von den ursprünglich ebenso vielen romanischen Kirchen sind etwa 30 mit Fresken aus dem 15. Jahrhundert geschmückt, in der Castagniccia zum Beispiel San Quilicu in Cambia.

● Église Saint-Jean-Baptiste de La Porta, 20237 La Porta
● Église San Quilicu, 20244 Giocatojo

Zu Besuch bei der Urahnin

77

Im Musée de l'Alta Rocca in Levie

Wer heute durch das beliebte Wandergebiet der Alta Rocca streift, bewegt sich auf sehr alten Spuren von Menschen, die sich von dem ernährten, was ihnen die Wälder und ihre Gewässer anboten: Wildhonig, Pilze, Nüsse, Früchte, Forellen, Aale und eine Art Hasenratte, die später ausstarb. Lange vor der Megalithkultur des dritten Jahrtausends v. Chr., der die Insel die zahlreichen erhaltenen Menhire verdankt, bevölkerten Neolithiker und noch früher nomadische Jäger, Fischer und Sammler Korsika, die in Grotten und Freiluftsiedlungen wohnten und ihre Verstorbenen in Höhlen bestatteten. Korsika und Sardinien bildeten bis zu einem Anstieg des Meeresspiegels im zehnten vorchristlichen Jahrtausend ein einziges Eiland.

Im achten Millenium starb die „Dame von Bonifacio", deren Skelett 1972 entdeckt wurde. Die etwa 35-jährige Frau maß nur 1,54 Meter, war mehrfach behindert und hätte nicht allein überleben können, das bedeutet, dass sie von einer Gruppe behütet wurde. Dass ihre gut erhaltenen Knochen heute nicht im touristischen Hotspot Bonifacio ausgestellt sind, sondern in Levie im Musée de l'Alta Rocca in den südkorsischen Bergen, hat mit der historischen Bedeutung der Region zu tun. In der bergigen und dicht bewaldeten Alta Rocca-Landschaft wurden die meisten prähistorischen Funde lokalisiert. Auf einem Granitplateau zwischen Levie und Sainte-Lucie-de-Tallano wurde das Castellu Cucuruzzu entdeckt, eine sehr gut erhaltene Kultstätte der Torrekultur, und in der Nähe die zweite, gleichartige Anlage Castellu di Capula. Beide liegen an einem märchenhaften Rundweg mit großen Granitblöcken, ähnlich wie in Filitosa (Foto). Systematisch, hervorragend strukturiert und anschaulich präsentiert erfährt man Genaueres über die Frühgeschichte der Insel im ganzjährig geöffneten Museum von Levie, das die Besucher vom Mesolithikum und Neolithikum über die Bronze- und Eisenzeiten in die Antike und Moderne und bis in die Gegenwart führt.

TIPP

Bei Cucuruzzu serviert Snack U Spuntinu Sandwichs, Omelettes, Kastanienpudding.

- Musée de l'Alta Rocca, Quartier Pratu, 20170 Levie
- ÖPNV: Bus Ajaccio–Levie–Zonza

Schicke Villen für die Toten

78 Auf dem Marinefriedhof von Bonifacio

Korsische Friedhöfe sind Siedlungen mit villenartigen Kapellen, deren Größe, Prunk und Wert den Wohlstand und die gesellschaftliche Stellung der Besitzer ausdrücken sollen, so die gängige Interpretation. Jedoch stammt dieses Bauritual aus einer Zeit, als man Totenkapellen auf dem eigenen Grundstück errichten durfte, man wollte die lieben Verstorbenen möglichst nah bei sich behalten und sich an glückliche Zeiten erinnern. So ist es vielleicht gar kein Geltungsdrang, sondern eine Mischung aus Tradition und Trauer, welche die Hinterbliebenen mit ihren Prunkgräbern äußern möchten.

Die von einer Ringmauer umschlossene *cità di i morti* von Bonifacio in sensationeller Lage hoch über dem Mittelmeer gilt als schönste Totenstadt von Korsika. Der französische Name *cimetière marin* täuscht, der Friedhof ist nicht nur Seeleuten vorbehalten. Fast alle Totenhäuser haben spitz zulaufende Dächer, manche mit barocken Schnörkeln, ein Kreuz auf dem First. Sie erinnern an Heiligenhäuschen, wie man sie am Wegesrand von Pilgerrouten oder auch in freier Landschaft stehen sieht. Die modischen Haustüren könnten direkt aus der Luxusabteilung eines Baumarktes stammen. Dicht an dicht stehen Hunderte Reihenhäuser, geschmückt mit bunten Mosaiken und goldenen Engeln. Winzige Vorgärten wurden mit Büschen bepflanzt. Durch das Totendorf führen breite Alleen, und es gibt eine Art Marktplatz mit Kriegerdenkmal, der von inzwischen ungenutzten pompösen Palästen aus einer Zeit umstanden ist, als man noch Holztüren verwendete, die nun in ihren Angeln hängen und bei Wind vermutlich quietschen.

Einst stand an dieser Stelle ein Franziskanerkloster. Hinter dem Friedhof führen 168 Stufen in die Tiefe durch einen 1880 gegrabenen Tunnel, der in einen unterirdischen Raum unter einem Felsen zehn Meter über dem Meeresspiegel mündet. Von diesem *gouvernail* aus überwachte das französische Militär die Hafeneinfahrt von Bonifacio, nachts leuchteten Strahler die Meerenge bis zur sardinischen Küste aus.

TIPP

Vom Hafen aus fahren Moby-Dick-Fähren nach Santa Teresa Gallura auf Sardinien.

- Cimiteriu marinu di Bunifaziu und Le Gouvernail, Felsenspitze, 20169 Bonifacio
- ÖPNV: Fernbusse von Ajaccio, Propriano, Sartène, Porto Vecchio, Haltestelle Hafen

FAMILLE ARDOINO

Adlerhorst mit Meerblick

79

Sant'Antonino in der Balagne

Die Balagne mit ihren kulturell-touristischen Zentren Calvi und L'Île-Rousse, ihren vielen Stränden und der schnell erreichbaren Inselmitte mit alpinen Bergen und tiefen Schluchten ist das ideale Ferienziel für Individualreisende fernab des Pauschaltourismus. Erstaunlicherweise liegt dieser „Garten Korsikas", wie er liebevoll im Volksmund genannt wird, zwischen zwei wasserarmen Problemzonen, die nicht zufällig wüstenhafte Namen tragen: der Balagne déserte und dem Désert Les Agriate. Eine Rundfahrt durch das Hinterland der Balagne mit Stopps in den teils spektakulär gelegenen Dörfern ist unbedingt zu empfehlen – zum Beispiel von Corbara aus über Pigna, Aregno, Sant'Antonino, Feliceto (mit Glasbläserei), Speloncato, Occhiatana und Belgodère zurück an die Küste.

TIPP

Abendessen in der Auberge de Tesa in Ochiatana (www.aubergedetesa.fr) oder im Restaurant A Spelunca di u Sechju in Speloncato.

Sant'Antonino, eine der ältesten Siedlungen der Insel, thront gleich einem Adlerhorst hoch oben auf einem Granitfelsen, ein Blickfang selbst und gesegnet mit einem sensationellen Ausblick bis zum Meer. Vom Unterdorf geht es zu Fuß gemütlich über eine leicht ansteigende Hauptstraße oder sportlich über eine Steintreppe ins Oberdorf. Die Souvenirläden und kunsthandwerklichen Galerien am Wegesrand bestätigen den Verdacht, dass auch andere diese außergewöhnliche Lage und vor allem den Sonnenuntergang erleben möchten. Noch dazu erhielt Sant'Antonino das Label der *Plus Beaux Villages de France* – neben Piana als einziges korsisches Dorf – und wurde dadurch zum Touristenmagnet. Dennoch bleibt unbestritten, dass Sant'Antonino wirklich eine der schönsten Ortschaften der Balagne und der Insel ist. Ausschließlich im Dorf selbst, ohne „Export" an die Küste oder in Supermärkte, verkauft die Biscuiterie Au petit Biscuit all die selbst gefertigten süßen *pavés* (Pflastersteine), *moelleux* (Küchlein) mit Schokolade, Kastanie, Kirsche, Melone, säckeweise die typisch korsischen *canistrelli,* Zitronen-*panette* (eine Art Großkeks) und viele weitere Spezialitäten, die schon beim Ansehen mehr Begehrlichkeiten wecken, als vernünftig wäre.

● 20220 Sant'Antonino mit Au petit Biscuit

Romanisches Stimmengewirr

80 Im Café die korsischen Nachbarn belauschen

Es gibt kaum etwas Gemütlicheres, als zur Stunde des Pastis in einem traditionellen Café am Aperitif zu nippen und sich dabei vom Stimmengewirr einlullen zu lassen. Aus der lebhaften Unterhaltung von drei älteren Damen am Nebentisch und aus dem Gemurmel der Männer am Tresen lösen sich zuweilen Satzfetzen und einzelne Wörter, die meistens auf „u" enden. Sie klingen weder Italienisch noch Französisch noch Spanisch noch Katalanisch oder alles auf einmal, also irgendwie romanisch. Tatsächlich ist das angeblich von 100.000 Speakern praktizierte Korsische kein Dialekt, sondern eine selbstständige Minderheitensprache, und mit diesem Reizwort rutscht man mitten ins Wespennest der französischen Regionalpolitik. Bekanntlich kämpft das in seiner Geschichte mannigfaltig von fremden Kulturen beherrschte Inselvolk lautstark und zuweilen gewalttätig um „Freiheit" – mehr Autonomie oder sogar völlige Unabhängigkeit vom französischen Staat.

Die Sprachautonomie wurde immer als Hauptargument für die Unzufriedenheit der Korsen und für den Protest der Nationalen Befreiungsfront vorgebracht. Ein Meilenstein in der Inselgeschichte war 1972 die Anerkennung des Korsischen als Regionalsprache. So gibt es Korsisch-Unterricht in Grundschulen, einen Studienzweig an der Universität Corte, und alle Straßenschilder sind theoretisch zweisprachig – wenn die französische Version nicht auf bestimmt 80 Prozent aller Wegweiser übermalt wäre. Wie andere Sprachen auch, hat das Korsische dialektale Abweichungen, im Norden nah am Toskanischen, in Bonifacio am Ligurischen, abgesehen von francokorsischen und anglokorsischen Neubildungen. Im Herbst 2023 kündigte der französische Präsident Emmanuel Macron eine Verfassungsänderung an, die Korsika eine höhere Autonomie verschaffen würde, und brach damit ein Tabu im nationalen Bewusstsein einer kulturell „unteilbaren Republik Frankreich". Jedoch bedarf es dafür einer parlamentarischen Dreifünftelmehrheit in Paris. Eins ist sicher: Die Korsen werden nie aufgeben.

TIPP

Die schönsten Cafés auf Cap Corse findet man in Nonza und an der Spitze in Tollare und Barcaggio.

● Korsisch-Hören im Café

La Sassa (Montée de la Tour, 20217 Nonza), U Spuntinu (1, promenade de la Tour, 20275 Ersa-Tollare) und Paillote Les Tamaris (20275 Ersa-Barcaggio)

Für meine Reisegenossen
Lewin und Jasper

Bibliografische Informationen der Deutschen Nationalbibliothek
Die Deutsche Nationalbibliothek verzeichnet diese Publikation in der Deutschen Nationalbibliografie; detaillierte bibliografische Daten sind im Internet über http://dnb.d-nb.de abrufbar.

Konzeption/Satz: Droste Verlag, Düsseldorf
Einbandgestaltung und Illustrationen: Britta Rungwerth, Düsseldorf, unter Verwendung von Bildern von © Fotolia.com: jd - photodesign.de; © iStock: Plociennik Robert
Fotos: Andrea Reidt. Mit freundlicher Genehmigung von: Ajaccio, Palais-Fesch-musée des Beaux-Arts (S. 33, 157); Mattei Concept Store, Bastia (S. 29); Musée de la Corse, Corte (S. 85); Centre préhistorique de Filitosa, Sollacro (S. 61, 135, 161); Musée de Préhistoire corse et d'Archéologie de Sartène (S. 53); Mairie de Bastia (S. 133)
Mit herzlichem Dank für fachliche Beratung an die Kunsthistorikerin und Bauforscherin Monique Fontana auf Korsika.
Textlektorat: Brigitte Lotz, Essen

MIX
Papier | Fördert gute Waldnutzung
FSC® C011279

Druck und Bindung: LUC GmbH, Greven
ISBN 978-3-7700-2453-7

www.droste-verlag.de